前田順一郎

会計が驚くほどわかる魔法の10フレーズ

講談社+α《プラスアルファ》新書

はじめに

会計はわかりやすい！

会計はわかりにくい、と思っている人が世の中にはたくさんいます。この本を手に取った方の多くも、そう思っているのではないでしょうか。最初にはっきり申し上げておきます。会計はわかりやすいものです。

私は公認会計士です。会計の専門家ということになります。私自身が会計の勉強を始めたのは25年前ですので、もう四半世紀も前になります。その後も、長く大手金融機関の会計監査に携わったり、会計基準の作成にも少し関与したりしておりましたので、ずっと、すでに会計を理解している人達に囲まれて仕事をしていました。ですから、正直申し上げて「会計がわからない」という悩み自体が、私にはピンと来ませんでした。

ところが2013年、私は国土交通省航空局で空港民営化を実現する仕事に携わることになります。関西国際空港や伊丹空港、福岡空港などをコンセッションという方式を用いて民営化し、空港経営改革をおこなっていくプロジェクトの国側の責任者になったのです。国の帳簿は原則として現金収支を記録するだけですから、これはまさに空港事業を企業会計の世界に変えるプロジェクトでした。

私は空港を民営化すると空港の売上がどうなるのか、費用がどうなるのか、利益がどうなるのかなどについて、霞が関中を説明してまわりました。しかし、キャリア官僚は頭を抱えます。私が一生懸命説明しても、どうも通じない。そして、ぼそっと「会計はわかりにくい……」。

日本のエリート中のエリートと言われる霞が関のキャリア官僚が「会計はわかりにくい」と言うのです。皆さんの中にも「会計はわかりにくい」と思っている人がいると思いますが、全く心配しないでください。勉強がすごくできるはずの霞が関のキャリア官僚が、同じことを言っているのですから。

会計をわかりにくくする要因①→専門用語のややこしさ

私は、会計のどんなところがわかりにくいのか、周りのみんなに聞いてまわることにしました。まず、みんなが口をそろえて言うのが専門用語の問題です。会計の専門用語は、英語の直訳も多く、どれも堅苦しくてややこしいものばかりです。「損益計算書《そんえきけいさんしょ》」「貸借対照表《たいしゃくたいしょうひょう》」から始まり「税金等調整前当期純利益《ぜいきんとうちょうせいまえとうきじゅんりえき》」とか。長い、長すぎます。もう、こういう言葉を見ただけで、嫌になってしまうわけです。

私は、会計の専門用語の意味を知っておくことは大事だと思っています。そこから逃げてしまうと、やはり会計を理解することはできません。でも、堅苦しくてややこしい専門用語を一言一句覚えていたら、それだけで嫌になってしまうことも理解できます。

そこで私は、キャリア官僚たちに「まず3つの言葉だけ覚えてください」とお願いしました。「粗利《あらり》」と「経常《けいつね》」と「税前《ぜいまえ》」の3つです。本書の第1章から第3章で説明している、P／L《ピーエル》に出てくる3つの言葉です。「これら3つの数値が前期と比較して増えたのか減ったのか、それだけを見ていただきたい」とお願いしました。

さすがはキャリア官僚、「なるほど、この3つでいいのね」と言って、2〜3日もすると空港の運営に興味を持っている民間企業の担当者に対して「この『ぜいまえ』が増えている理由はですね〜『けいつね』が増加していることに尽きるんです。『けいつね』が増えている原因は、やはりLCCとインバウンドの影響がありましてね〜」みたいな感じで、堂々と話しているのです。

そういった会計の説明を、私やキャリア官僚たちが、大臣などの省幹部や地元選出の議員、関係者、霞が関内の関係省庁にしてまわり、みんなが納得してコンセッションが実現しました。ですから、関空や伊丹空港、福岡空港の空港経営改革は、キャリア官僚が会計の専門用語を略語でマスターしたから実現したと言っても過言ではないと、私は思っています。

そんな私の経験に基づき、本書では、会計の専門用語については、すべて略語で説明しています。「損益計算書」は「P《ピー》/L《エル》」、「貸借対照表」は「B《ビー》/S《エス》」、「売上総利益《うりあげそうりえき》」は「粗利《あらり》」、「経常利益《けいじょうりえき》」は「経常《けいつね》」、「税金等調整前当期純利益」は「税前《ぜいまえ》」です。実務ではみんな略語を使っています。最初から略語で説明しておけば、本書を読んだ後に、すぐにでも略語を使って会計を語ることができるようになるはずです。

会計をわかりにくくする要因②→仕訳《しわけ》のとっつきにくさ

もう一つ、専門用語以外に、みんなが苦労しているのが仕訳のとっつきにくさでしょう。仕訳とは、取引などを二つの要素に分けて帳簿に記録していくことです。会計がわかりにくい、と思って本屋さんに行って会計の入門書を手に取ると、この仕訳の説明から始まることも多いと思います。

私自身も25年前に、会計をはじめて勉強した時は、最初に仕訳の勉強からはじめました。確かに仕訳がわかると会計の理解は深まります。これは間違いありません。でも、仕訳の勉強が嫌になって、途中で会計の勉強を止めてしまうのであれば本末転倒です。

　現代はＡＩの時代。銀行口座の動きなど様々な情報からＡＩが自動的に仕訳をしてくれる会計ソフトの開発が進んでいます。そんな時代に、少なくとも会計の入門書においては、仕訳の説明は不要ではないかと思います。そこで、本書でも思い切って、仕訳の説明を、いっさいしないことにしました。

　国土交通省時代には、仕訳についても、とても苦労しました。会計の論点がある場合に、キャリア官僚に仕訳から説明していくわけにもいきません。とにかく一歩間違えば様々なスケジュールが狂ってくる中で、会計の論点を、仕訳をいっさい使わずに正確に説明しきらなければならない。これは会計を仕訳で説明することが当たり前になっていた私にとって、とても難しいことでした。

　でも何事も経験です。苦労の甲斐あって、何をどういう風に説明すれば、仕訳なしで会計を説明できるのか、徐々に分かってくるようになりました。今では私は、仕訳なしで、会計を説明しきれるのだ、という絶対的な自信を持っています。そんな私のノウハウを、本書を通じて皆さんに還元させていただければと思っています。

魔法の10フレーズがすべてを解決

本書の執筆に当たり、私は会計に携わってきた20年以上の経験の中で得た全ての知識やノウハウの中から、皆さんに本当に必要だと思われるものを入念に選別しました。そして、そのエッセンスを、たった10個のフレーズにまとめました。それが、本書の最大の特徴である、会計が驚くほどわかる「魔法の10フレーズ」です。

「魔法の10フレーズ」は、基本的に決算書の前期と当期の数値を並べて、変化した理由を説明しています。そこには、会計の理解に最低限必要な専門用語の略語と会計の基本的な考え方が凝縮されています。

決算書を分析する時には、必ず何らかのデータと比較をします。他社の決算書と比較をする時もありますし、同じ業種の会社の平均値と比較したりすることもあります。でも、最も頻繁に行うのは前期比較《ぜんきひかく》です。前期比較とは、ある会社の会計数値が前期に比べてなぜ増えたのか、ないしは減ったのか、といった分析をすることを言います。

前期比較は決算書を読む際の基本です。本書では会計数値の前期比較を通じて会計が理解できるようになっています。他社との比較も、同業種平均との比較も、考え方は同じですので、皆さんはぜひ、まず前期比較ができるようになってください。

本書は「専門用語のややこしさ」と「仕訳のとっつきにくさ」という、会計を学ぶ上での二つの厄介な問題を、「魔法の10フレーズ」を用いることで根本的に解決しました。その結果、新書の会計の入門書でありながら、一度読めば、皆さんがしっかりと会計を理解できるようになるという、とても画期的なものになっています。

本書の3つの特徴
① 専門用語は全て略語で説明しています
② 仕訳はいっさい出てきません
③ 魔法の10フレーズに全てを凝縮しました

4つのステップで驚くほどわかる

本書は1章につき一つの「魔法のフレーズ」を説明していきます。会計を初めて学ぶ方であれば、各章の最初に出てくる「魔法のフレーズ」を10回ほど呪文のように唱えていただけたらと思います。まさに会計のエッセンスが詰まった魔法の呪文ですから、10回唱えた後に、本文を読んでいただければ、一気に理解は深まります。

各章の最初には、ちょっとしたコントがあります。登場するのは、営業しか経験したことがないのにいきなり経理課長になってしまった前田課長と、会計にとても詳しく経理畑一筋の「できる」経理課員、萌美《もえみ》さんの二人です。コントの中で、萌美さんが「魔法のフレーズ」を紹介します。

私にはそもそもこういったコントを書くほどの文才はないので、つまらないコントかもしれません。でも、まずは皆さんに「魔法のフレーズ」に少しでも慣れていただきたいという願いから、恥を忍んで書かせていただきました。

その後、「魔法のフレーズ」に関連する会計知識の説明をします。ここが皆さんに会計を理解していただくためのメインの解説部分になります。ここは大事な部分ですので、しっかりと読んでください。

また、各章にはクイズに挑戦するコーナーも作りました。「魔法のフレーズ」を参考にしながら、会計について語れるようになったか、自分自身でチェックすることができるようになっています。

章の最後に補足的に、皆さんに知っておいていただきたい話題を追加で解説しています。

① コントを読んで専門用語と「魔法のフレーズ」に慣れる。
② 解説を読んで「魔法のフレーズ」の意味を理解する。
③ クイズに挑戦し「魔法のフレーズ」を使いこなせるようになったかチェックする。
④ 最後に補足的な話題について学ぶ。

この4ステップが各章での大きな流れになります。

それではこれから「会計が驚くほどわかる魔法の10フレーズ」を紹介してまいります。本書を読み終わった時に、皆さんに「会計はわかりやすい！」と思っていただけたら、心の底から嬉しく思います。

目次◉会計が驚くほどわかる魔法の10フレーズ

はじめに

会計はわかりやすい！ 3
会計をわかりにくくする要因①↓専門用語のややこしさ 4
会計をわかりにくくする要因②↓仕訳のとっつきにくさ 6
魔法の10フレーズがすべてを解決 8
4つのステップで驚くほどわかる 9

第1章 P／Lを理解する魔法のフレーズ・その1

粗利が増加したのは、売上が増加し、原価の増加も抑えられたためです！

【月曜日朝の経理課～第一週～】 22

P／Lを見れば会社のもうけが一目瞭然!? 24
「売上」「原価」「粗利」略語に慣れよう 26
粗利の増減を説明するクイズに挑戦！ 32
会計においては「対応原則」がとても大切です！ 34

第2章 P／Lを理解する魔法のフレーズ・その2

経常が減少したのは、粗利が増加した一方で、販管費がそれ以上に増加したためです！

【火曜日朝の経理課〜第一週〜】 40
経常と販管費は大事ですよ 42
もちろん利益ばかりでなくて損失の時もある 48
私が「経常推し」の理由を説明します 50
販管費はある程度コントロールできると考えるのが経営者メセン 52
経常の増減を説明するクイズに挑戦！ 55

第3章　P／Lを理解する魔法のフレーズ・その3
税前が増加したのは、経常が減少した一方で、多額の特別利益が発生したためです！

【水曜日朝の経理課〜第一週〜】 60
経常に「特別なこと」を加減すると税前に 62
土地建物や株式を売るのは「特別なこと」です 63
税前より下にある最終利益は「締めの雑炊」 66
税前の増減を説明するクイズに挑戦！ 70
本当に特損でよいのか注意せよ 72
P／Lの総復習〜実際に決算書を分析してみよう！ 73

第4章　B／Sを理解する魔法のフレーズ・その1
売掛・買掛・在庫が増加したのは、売上や仕入れが増加したためです！

【木曜日朝の経理課〜第一週〜】 82
B／SはP／Lと並ぶ大事な書類です 84
B／Sには資産と負債と純資産がのっています 86
本業の取引で出てくるB／S科目は売掛・買掛・在庫 89
在庫BOXを描くとわかりやすい！ 93
売掛・買掛・在庫の増減を説明するクイズに挑戦！ 96
とても大事な在庫のハナシ 98

第5章 B／Sを理解する魔法のフレーズ・その2
有形固定資産が増加したので、減価償却費の負担が増えています！

【金曜日朝の経理課〜第一週〜】 104
大きな買い物はちょっとずつ費用に！ 106
定額法の計算は簡単 110
ウサギさんの定率法はちょっとややこしい 111

有形固定資産の変化のP／Lへの影響を説明するクイズに挑戦！ 115
「重要性の原則」は重要な原則です 117

第6章 B／Sを理解する魔法のフレーズ・その3
貸引が増加したのは、将来に備え、売掛に対して十分な積み増しをしたためです！

【月曜日朝の経理課〜第二週〜】 122
引当金は将来に備えるもの 124
貸引の増減を説明するクイズに挑戦！ 127
色々な引当金〜賞与と退職金に引き当てる 129
買掛金・未払金・引当金は何が違う 131

第7章 B／Sを理解する魔法のフレーズ・その4
純資産が増加したのは、利益が順調で配当も抑えているためです！

【火曜日朝の経理課～第二週～】 136
純資産はネットの資産のこと 138
純資産が増える要因は？ 141
資本取引を理解する～会社は誰のものか 144
資本取引と損益取引を区別せよ 148
純資産の増減を説明するクイズに挑戦！ 151
株主資本等変動計算書はB／SとP／Lをつなぐ財務諸表 153
会社におカネがなければどうするか？～借り入れか増資か 154

第8章 B／Sを理解する魔法のフレーズ・その5
借入金が減少したのは、利益と減価償却費で返済したためです！

【水曜日朝の経理課～第二週～】 160
本業でいくらのおカネを獲得したのか考えてみよう！ 162

本業以外ではどんな時に会社のおカネが増減するか？　164
借入金の増減を説明するクイズに挑戦！　167
キャッシュ・フロー計算書という財務諸表もある！　169

第9章　難しい会計ルールを理解する魔法のフレーズ・その1
連結の最終利益が増加したのは、子会社の増益が寄与したためです！

【木曜日朝の経理課～第二週～】　178
連結では親子は一つに　180
どんな会社が子会社になる？　182
連結決算書はとても簡単～連結グループをあたかも一つの会社であるかのように考える　184
連結利益の増減を説明するクイズに挑戦！　191
非支配株主持分って何？　193
たった一行で連結と同じ効果を～持分法　195

第10章　難しい会計ルールを理解する魔法のフレーズ・その2
税効果や金融商品、減損については専門家に聞かないとわかりません！

【金曜日朝の経理課〜第二週〜】 200
難しい会計基準は「わからない」と堂々と答えよう！ 202
会計基準は一つではない 203
日本ではまだまだJ－GAAPです 204
会社の違いによって会計基準も必要な財務諸表も違う 207
それでも気になる税効果会計 208
会社が株式を持つのは売り買いしてもうけるためではない！ 215
固定資産の減損はとてもセンシティブ 222

おわりに 229

第１章
Ｐ／Ｌを理解する魔法のフレーズ・その１

粗利が増加したのは、売上が増加し、
原価の増加も抑えられたためです！

魔法のフレーズ❶ 粗利《あらり》が増加したのは、売上《うりあげ》が増加し、原価《げんか》の増加も抑えられたためです！

【月曜日朝の経理課〜第一週〜】

前田課長 おはよう！　萌美《もえみ》さん。いつも笑顔が爽やかだね。週末はどこか行ったの？

萌美さん 課長、おはようございます。はい、日曜日にボランティアで近所の公園のゴミ拾いに行きました。みんなでゴミ拾い、とっても楽しいですよ。

前田課長 萌美さんは本当に偉いね！　ボクはぎっくり腰で、家でずっと寝ていて、嫁さんにゴミ扱いされていたんだよ。ところで、先週金曜日の夜に、部長に聞かれちゃって。うちの会社の決算書に、会社のもうけがわかる表があるじゃない？

萌美さん はい、損益計算書《そんえきけいさんしょ》、つまりP／L《ピーエル》のことですね。一年間のもうけを示す大事な書類です。

前田課長 そうそう、そのピエールとか何とか。そこにね、売上総利益《うりあげそうりえき》っていうのがあるん

（萌美さん作成資料）Ｐ／Ｌの粗利の前期比較（単位：万円）

	前期	当期	比	コメント
売上	1050	1200	+ 150	売上は増加
原価	750	800	+ 50	原価の増加は抑えられた
粗利	**300**	**400**	**+ 100**	**⇒粗利が増加**

だけど、これが増えているらしいんだよね。部長が理由を知りたいと。

萌美さん　つまり部長はＰ／Ｌの粗利《あらり》の増加の理由が知りたい、ということですね。

前田課長　ピエールの「あらりん」の増加の理由？　そう、たぶん、そう言ってた！

萌美さん　課長、お答えしますね。こちらの資料を見てください。粗利が増加したのは、売上が増加し、原価の増加も抑えられたためです！

前田課長　おー、萌美さん、ありがとうございます。なるほど。粗利が増加したのは、売上が増加し、原価の増加も抑えられたためです、なのね。萌美さん、すごい。仕事、できるっ!!

P／Lを見れば会社のもうけが一目瞭然!?

いきなりP／Lという専門用語が出てきました。これは「ピーエル」と読みます。正式名称は「損益計算書」です。英語で利益はProfit（プロフィット）、損失はLoss（ロス）。利益と損失の内訳を示す表だから、Profit and Loss Statement《ステートメント》と言います。この頭文字をとって、みんなP／Lと呼ぶのです。

P／Lは、一期間、例えば一年間の、会社の利益がどうだったかをわかりやすく表にしたものです。P／Lを見れば、会社がもうかったかどうか、どうやってもうけたのかが一目瞭然。見ただけでわかるようになっています。左のP／Lの例を見てください。

一目瞭然……ではないかもしれません。さすがに予備知識がなければ、何が何だかわからないはずです。でも、大丈夫です。これから三章にわたって、わかりやすくP／Lの説明をしていきますから。なお、一般的に会計の世界では金額単位を千円、百万円または十億円とすることが多いのですが、本書ではわかりやすく万円単位にしています。

カエル商事の損益計算書（P／L）

（令和元年4月1日から令和2年3月31日まで）

カエル商事株式会社　　（単位：万円）

科目	金額	（略語）	（解説）
売上高	1200	売上	第1章 ↓
売上原価	800	原価	
売上総利益	**400**	粗利	▼
販売費及び一般管理費	320	販管費	第2章 ↓
営業利益	**80**	−	
営業外収益	20	−	
営業外費用	40	−	
経常利益	**60**	経常	▼
特別利益	50	−	第3章 ↓
特別損失	10	特損	
税引前当期純利益	**100**	税前	
法人税、住民税及び事業税	30	法人税等	
当期純利益	**70**	最終利益	▼

「売上」「原価」「粗利」略語に慣れよう

会計の話をする時には、聞き慣れない専門用語がたくさん出てきます。さらに、しょっちゅう略語が使われたりします。この略語を使いこなせると、何となく周りの人からも会計がわかっているように思われるかもしれません。そういうことも、実務においては割と大事ですから、この本では基本的に略語を使うようにします。前ページのP／Lの横に略語も載せておきましたので、わからなくなったらご覧いただければと思います。

それでは本章の魔法のフレーズ「粗利が増加したのは、売上が増加し、原価の増加も抑えられたためです」について、考えてまいりましょう。

さっそく「粗利《あらり》」という略語が出てきました。正式には「売上総利益《うりあげそうりえき》」と言います。でも、みんな粗利と呼んでいます。粗利は「粗利益《あらりえき》」の略です。「売上」という言葉も正式には「売上高《うりあげだか》」と言います。「原価《げんか》」も正式には「売上原価《うりあげげんか》」または「製造原価《せいぞうげんか》」と言います。もちろん、正式名称を使ってもいいのですが、やはり略語をうまく使いこなしていきましょう。

前ページのP／Lの例の、上から3つの略語を見てみましょう。出てくる言葉は売上、原価、粗利です。あれ、皆さん、気づきましたか？　魔法のフレーズに出てきた3つの言葉と一緒ですね。これから、この大事な3つの言葉の意味を説明していきますよ。

まず売上からです。会社にとってモノを売ることはとても大事なことです。八百屋さんなら野菜を売ります。トヨタなら自動車を売ります。モノを売るだけでなく、サービスを提供する会社もあります。床屋さんは、髪の毛を売っているわけではありませんね。髪の毛を切るというサービスを提供しています。このように、モノを売ったりサービスを提供したりして得た収入のことを売上と言います。

この本では、モノを仕入れて売る会社を前提に説明しましょう。一般用語だと問屋さん、専門用語だと卸売業《おろしうりぎょう》とか商社と言われる業種です。何を扱う問屋さんにしましょうか？　私の趣味で、お酒でもいいですか？　名前はどうしましょうか？　酒飲みのイメージはカエルかなあ。「カエル商事株式会社」にしましょう。前田課長と萌美さんが働いている会社は、カエル商事ということで、お願いします。

カエル商事のP／Lでは1200万円の売上となっていますから、1年間に1200万円分のお酒を売った、ということになります。きっと、酒屋さんやレストラン・居酒屋などに売っているのでしょう。何となくイメージわきますか？

次に原価です。モノを売り上げるためには、どこかで商品を仕入れてこなければいけません。酒問屋ですから、ビール会社や酒蔵などからお酒を仕入れてくるわけです。原価とは、売り上げた商品の仕入れ値のことだと考えてください。萌美さんの資料では800万円になっています。つまり、売り上げた1200万円の商品のもともとの仕入れ値は800万円でした、ということになります。

そして、売上から原価を引いたものが粗利です。粗っぽい利益で粗利です。この会社は総額800万円で仕入れたモノを1200万円で売って400万円の粗利を稼いだことになります。実はこの引き算の式が、魔法のフレーズを理解する重要なポイントになりますので、しっかり頭に入れてください。

ポイント　売上−原価＝粗利

少し注意点です。原価とは、1年間に仕入れた額のことではない、ということに気をつけてください。あくまで原価とは、売り上げた商品の仕入れ値のことです。仕入れたけど売れないでお店にまだ残っている商品は原価になりません。カエル商事のそのままのP／Lだと数字が大きいので、1万分の1にして考えてみましょう。次ページの図を見てください。

売上・原価・粗利の関係（イメージ）

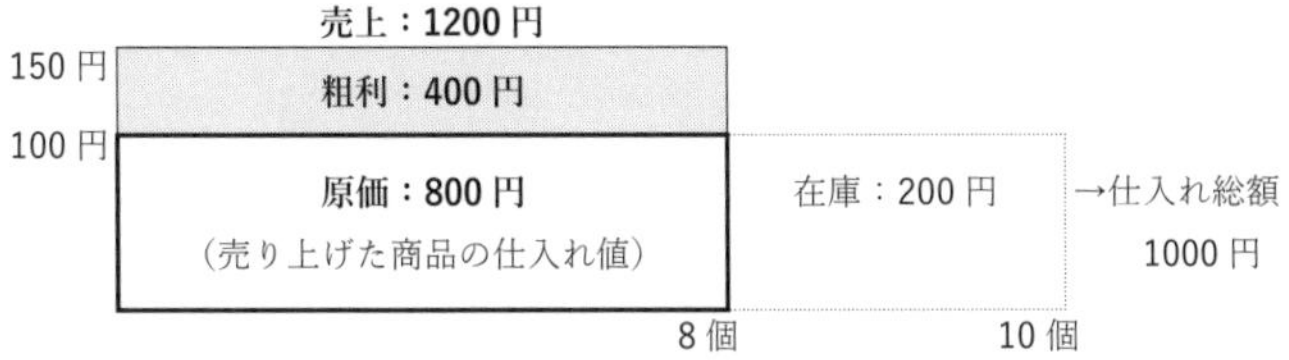

　１個あたり１００円で10個仕入れ、そのうち8個を１５０円で売ったとします。この時、売上はいくらでしょうか。正解は８個×１５０円＝１２００円になります。では、原価はいくらでしょうか？　あくまで原価は売り上げた商品の仕入れ値ですので８個×１００円＝８００円になります。仕入れの総額は10個×１００円＝１０００円ですが、原価は１０００円ではなく８００円です。ですから粗利は、売上１２００円－原価８００円＝４００円になります。１２００円－１０００円＝２００円ではないので、注意してください。

　ここで、するどい人は疑問に思うかもしれません。酒問屋なら原価もわかりやすいけど、たとえばトヨタの原価ってどういうものだろうか。トヨタは、酒問屋と違って、できあがった自動車を仕入れてくるわけではありません。色んなところから部品を仕入れてきて、それらを工場で組み立てて、完成品を売るわけです。実は、こういういわゆる「モノづくり」の会社の場合には、完成品を作るのにかかった費用を集計します。

この計算のことを原価計算《げんかけいさん》と言います。仕入れた部品だけでなく工場でかかる様々な費用を集計していきます。作業員の方のお給料、工場の家賃や光熱費などはすべて集計され、車一台当たりの原価を計算します。モノづくりの会社にとって、原価計算はとっても大事です。製造業の場合の製品の原価のことを「製造原価《せいぞうげんか》」と言います。

さらにするどい人は、床屋さんの原価って何だろうと思うかもしれません。床屋さんのようなサービス業の原価をどうするかは、少し難しい問題です。会社によって原価の計算の仕方は少しずつ違いますが、恐らく、髪を切る従業員の人件費は原価になるでしょう。はさみとかシャンプーなどの購入費も原価だと思います。でも、駅前で宣伝するためのチラシ印刷代は原価にはならないかな。だいたいそんなイメージだと思ってください。

「売上」「原価」「粗利」の3つの言葉は何となくわかりましたか。それでは、いよいよ魔法のフレーズの説明です。少しわかりにくいかもしれませんので、萌美さんが書いた資料を、イメージ図にしました。次ページの図を見ながら確認してください。

まず、粗利は100万円増加しています。増加の理由は二つあります。ここでさっきの式が重要になります。「売上－原価＝粗利」でしたね。ですから、まずは売上が増加すれば粗利が増加することになりそうです。売上は150万円増加しています。これは粗利が増加し

売上・原価・粗利の増減（イメージ）（単位：万円）

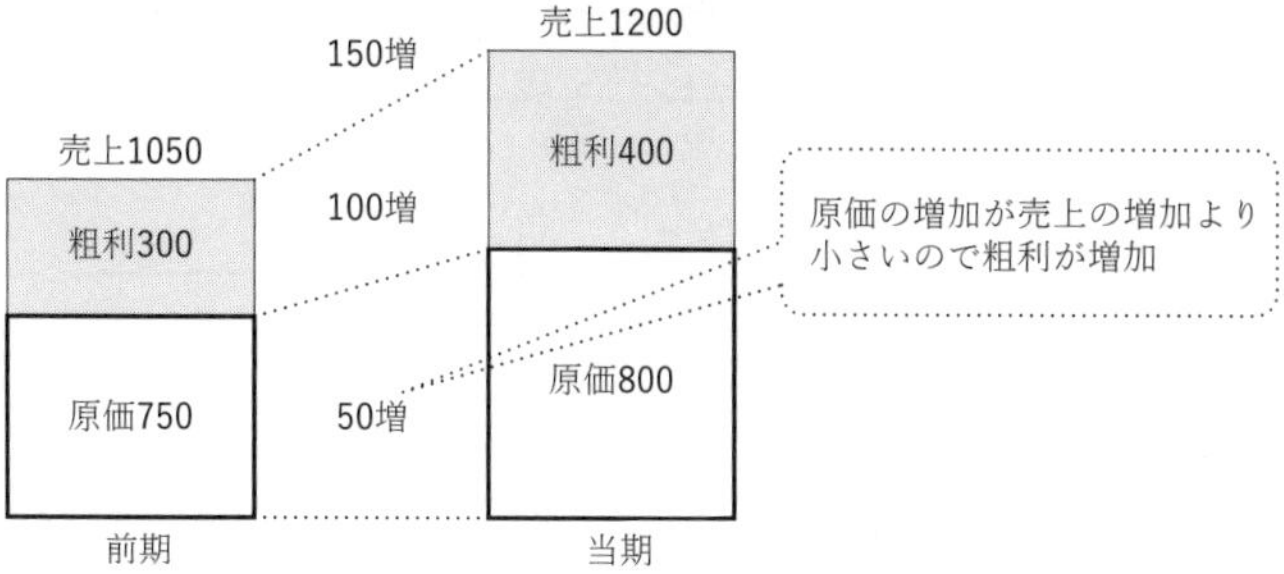

た大きな理由になります。

でも、それだけではありません。もし、原価が１５０万円以上増えていたらどうなりますか。売上が１５０万円増えていても、原価がそれ以上増えていたら、粗利は減少してしまいます。図ではどうなっているでしょう。原価は50万円しか増えていません。だから、粗利が増加しているわけです。つまり、粗利が増加したのは、売上が増加し、かつ、原価の増加を売上の増加以内に抑えることができたため、ということになります。

どうでしょうか？　今回の魔法のフレーズ「粗利が増加したのは、売上が増加し、原価の増加も抑えられたためです」の意味はご理解いただけましたでしょうか。

（問１）粗利が増加した理由を教えてください。（単位：万円）

	前期	当期	比	コメント
売上	1200	1500	＋ 300	売上は増加
原価	800	1000	＋ 200	原価の増加は抑えられた
粗利	**400**	**500**	＋ **100**	**⇒粗利が増加**

粗利の増減を説明するクイズに挑戦！

これから、粗利の増減を説明するクイズに挑戦していただきます。ここまでの知識を応用して、粗利が増えたり減ったりする様々なケースを考えていきましょう。

問１　粗利が増加した理由を教えてください。

このケースは萌美さん作成資料とほとんど一緒ですね。粗利の増減の理由は、売上と原価の二つを見れば必ず説明できるはずです。

まず売上は１２００万円から１５００万円に増えていますね。増加額は３００万円です。一方、原価も８００万円から１０００万円に増加しています。でも、増加額は２００万円。売上の増加額ほどではありません。つまり、原価の増加は抑えられたわけです。結果として、粗利が増加しています。従って、答えは次のようになるでしょう。

（答）粗利が増加したのは、売上が増加し、原価の増加も抑えられたためです。

（問２）粗利が減少した理由を教えてください。（単位：万円）

	前期	当期	比	コメント
売上	1500	1200	△300	売上は減少
原価	1000	800	△200	原価は大きく減らず
粗利	**500**	**400**	**△100**	**⇒粗利が減少**

問２　粗利が減少した理由を教えてください。

このケースは問1と真逆ですね。粗利は５００万円から４００万円へと、１００万円減っていますね。理由は何でしょうか。粗利の増減理由は必ず売上と原価の増減で説明できるのでした。

まず、売上は１５００万円から１２００万円に減っています。減少額は３００万円です。これが、粗利の減少の最も大きな理由です。

でも理由はそれだけではありません。売上が減っていても、もし原価がそれ以上減っていれば、粗利は増加するはずです。

原価を見てみると、１０００万円から８００万円へと２００万円減っています。減少額は売上ほどではないわけです。つまり、原価が大きく減らなかったことも、粗利の減少理由の一つとなります。

従って、答えは次のようになるでしょう。

（答）**粗利が減少したのは、売上が減少し、原価も大きく減らなかったためです。**

会計においては「対応原則」がとても大切です！

この章の最後に、会計のとても大事な原則を一つ説明させてください。会計の基本的な考え方の一つに「費用と収益を対応させる」というものがあります。これを専門用語で「対応《たいおう》原則《げんそく》」とか「費用《ひよう》収益《しゅうえき》対応《たいおう》の原則《げんそく》」とか呼びます。

売上のようにおカネの増加につながる取引などのことを「収益《しゅうえき》」と言います。また、原価のようにおカネの減少につながる取引などのことを「費用《ひよう》」と言います。

「費用と収益を対応させる」ことの、最も典型的な例が原価と売上の関係です。先ほど、原価とは、1年間に仕入れた額のことではなく、売り上げた商品の仕入れ値のことです、と説明しました。カエル商事の例では、原価（費用）は、仕入れの総額1000円ではなく、売れた商品に対応する仕入れ値800円になっていましたね。ですからP／Lでは、売上1200円からそれに対応する原価800円を引いて、粗利400円を計算していました。まさにこれが対応原則です。売上（収益）と「対応する」仕入れのみを原価（費用）にしているわけです。

皆さんは家計簿をつけたことがありますか？　家計簿は現金が動かなければ何もしませ

ん。おカネが増えたら収入額を、減ったら支出額を記入します。この支出額と収入額は「対応原則」で対応しているわけではありません。

先ほどのカエル商事の取引について、家計簿をつけたらどうなるか、考えてみましょう。家計簿では、仕入れ代金1000円を支払った時に、その支出額を記録します。また、売り上げ代金1200円を受け取った時に、その収入額を記録します。もし、代金の支払いも受け取りもすべて終わっていたとしたら、収入が1200円、支出が1000円ですから、現金が200円増加したことになります。

では、カエル商事のもうけは200円でいいでしょうか？　もちろんダメですよね。確かに仕入れ総額は1000円ですが、あくまで売り上げた商品に「対応する」仕入れは800円です。カエル商事は800円で仕入れたものを1200円で売って、400円をもうけたわけです。もうけは400円のはずです。それが会計の考え方です。

会計の場合には、家計簿と違って、必ず「費用」と「収益」を対応させます。会計の本質はまさにこの「費用と収益を対応させて現金収支を各期に配分すること」にあるのです。

ポイント　**会計の本質は「費用と収益を対応させて現金収支を各期に配分すること」にある！**

会計の世界で、取引などを二つの要素に分けて帳簿に記録することを「仕訳《しわけ》」と言います。例えばカエル商事のように、商品を掛《かけ》で1200円売り上げた場合には、帳簿には横書きで（借方）売掛金　1200　（貸方）売上　1200と記載します。これが仕訳です。この本では詳しい説明は省きますが、実は仕訳を使って帳簿に記入しないと、費用と収益をうまく対応させることはできません。

家計簿だったら、一つの取引を二つの要素に分ける必要はありませんよね。現金が増えたり減ったりした時に、家計簿に増減理由を記入すればいいだけです。家計簿には仕訳はありません。

このように、仕訳が出てくるという点も、会計の大きな特徴の一つです。でも、「はじめに」でも書きましたが、本書では思い切って、仕訳の説明をいっさいしないことにしました。仕訳が理解できずに、途中で会計の勉強を止めてしまうのであれば本末転倒だからです。

現在では帳簿と言っても、実際に紙の帳簿をつけているケースはほとんどありません。インターネットにつなげば手軽に会計ソフトが使える時代ですので、会計ソフトに入力しているケースがほとんどです。さらに、仕訳についても、会計ソフトがAIの技術を駆使して、ある程度自動で入力してくれる時代になろうとしています。でも、どんなに優秀な会計ソフトでも万能ではありませんので、仕訳というものがあるのだ、ということはぜひ知っておいてください。

ちょっと専門的になって、すみません。これで第1章は終わりです。あと二章、P／Lの話が続きます。P／Lを見て、会社がどのようにもうけたか一目瞭然になるのを目指して、頑張ってまいりましょう！

第2章

P／L を理解する魔法のフレーズ・その2

経常が減少したのは、粗利が増加した一方で、
販管費がそれ以上に増加したためです！

魔法のフレーズ❷
経常《けいつね》が減少したのは、粗利《あらり》が増加した一方で、販管費《はんかんひ》がそれ以上に増加したためです！

【火曜日朝の経理課～第一週～】

前田課長　おはよう！　萌美《もえみ》さん。いつも笑顔が爽やかだね。昨日の夜はどこか行ったの？

萌美さん　課長、おはようございます。はい、月曜日は毎週ヨガに通っているんです。とっても気持ちがリフレッシュできるんです。課長にもおすすめですよ。

前田課長　ヨ、ヨガ!?　萌美さんって、インド人だったんだっけ？　そうそう、昨日の夜、粗利が減った理由を部長に報告したんだ。そしたら「キミすごいね。できる!!」なんて言われちゃって。萌美さんのおかげだよ。ホントにありがとう。

萌美さん　いえいえ、それはよかったです！（わたし、インド人ではありませんが）

前田課長　でもね、部長から追加で質問が来ちゃって。ほら、ピエールの「けいつね」って言うのかな？「あらり」が増えたのに、なぜ「けいつね」が減ったのか知りた

（萌美さん作成資料）P／Lの経常の前期比較（単位：万円）

	前期	当期	比	コメント
売上	1050	1200	＋150	売上は増加
原価	750	800	＋50	原価の増加は抑えられた
粗利	**300**	**400**	**＋100**	**⇒粗利が増加**
販管費	200	320	＋120	販管費は大幅に増加
営業利益	**100**	**80**	**△20**	**⇒営業利益が減少**
営業外収益	15	20	＋5	あまり変わらない
営業外費用	35	40	＋5	あまり変わらない
経常	**80**	**60**	**△20**	**⇒経常が減少**

いと言い出したんだよ。

萌美さん　なるほど。つまり、部長はP《ピー》／L《エル》の経常《けいつね》の減少理由を知りたい、とおっしゃっているということですね。

前田課長　そう、そう。萌美さん、「けいつね」、減った理由、わかる？

萌美さん　課長、お答えしますね。こちらの資料を見てください。経常が減少したのは、粗利が増加した一方で、販管費《はんかんひ》がそれ以上に増加したためです！

前田課長　おー、萌美さん、ありがとうございます。経常が減少したのは、粗利が増加した一方で、販管費がそれ以上に増加したためです、なのね。萌美さん、すごい。仕事、できるっ!!

経常と販管費は大事ですよ

さあ、引き続きP／Lのお話です。P／Lって何でしたっけ？ 覚えていますか？ P／Lとは「損益計算書」のこと。そう、一期間、例えば一年間の、会社の利益がどうだったかをわかりやすく表にしたものでした。P／Lを見れば、会社がもうかったかどうか、どうやってもうけたのかが一目瞭然……なはず。

第1章では粗利とは何かを説明しました。粗利はP／Lの中で一番最初に出てくる利益で、正式名称は「売上総利益」でした。粗利の意味、覚えていますか？ 一言で言えば「売上－原価」のこと。そして原価とは、売り上げた商品の仕入れ値のことでした。

ここで、皆さん、少し考えてみてください。会社が支払うおカネは、商品の仕入れ代だけでしょうか。そんなことはありませんね。他にも色んな支払いがあります。本章では、原価以外の費用について説明していきます。そして、粗利の下に出てくる二つの利益、営業利《えいぎょうり》益《えき》と経常利益《けいじょうりえき》＝略して「経常《けいつね》」について説明していきたいと思います。

それでは本章の魔法のフレーズ「経常が減少したのは、粗利が増加した一方で、販管費がそれ以上に増加したためです！」について考えてまいりましょう。今回も略語が出てきました。第1章で出てきた「粗利」以外に、「経常」と「販管費《はんかんひ》」という二つの言葉が登場しました。

まずは販管費から説明しますね。会社には商品の仕入れ代以外にも色んな支払いがありますが、例えば、どんなものがあるでしょうか？　営業マンや総務、経理、人事などの従業員のお給料、本社や営業所の家賃、光熱費・通信費などの経費。会社は、様々なおカネを支払っていますね。こういった費用のことを専門用語で「販売費《はんばいひ》及《およ》び一般《いっぱん》管理費《かんりひ》」と言います。むやみに長いですね。長いので、みんな「販管費」と呼んでいます。とても大事な言葉です。

粗利から販管費を引いて計算した利益のことを「営業利益《えいぎょうりえき》」と言います。営業利益は会社の「本業のもうけ」を表します。カエル商事のP／Lを見ると、当期は総額800万円で仕入れたモノを1200万円で売って400万円の粗利を稼いでいましたが、320万円の販管費がかかったので、本業でのもうけ、つまり営業利益は80万円だったということになります。

ポイント　粗利－販管費＝営業利益　→本業のもうけ

個人的な意見ですが、利益の中でも営業利益は少し地味な利益だな、と思います。ですから、今回、魔法のフレーズにも登場させませんでした（もし、皆さんの中に、「営業利益推《お》し」の方がいたら、本当にごめんなさいね）。

そんな少し地味な営業利益の次に出てくる利益が経常利益＝略して経常です。私は、経常は、数ある利益の中でも、最も重要な利益ではないかと思っています。はい、私は「経常推し」です。経常あってのＰ／Ｌだと思っています。Ｐ／Ｌが活躍できるのは、経常のおかげです。

経常の正式名称は「経常利益《けいじょうりえき》」ですが、略語では「けいつね」と呼びます。その理由は、会計の世界で「けいじょう」と言うと、普通は「計上」のことを意味するからです。計上とは、Ｂ／ＳやＰ／Ｌに会計数値をのせることです。是非、皆さんも「けいつね」と略して言ってみてください。

経常とは、会社の「経常的なもうけ」を表す数値です。経常的という少し難しい言葉が出てきました。あまり日常生活では使わない言葉ですね。あれ？　日常生活？　そう、「常」という文字が入っています。日常生活とは、毎日の通常の生活、というような意味ですね。そうです。経常利益も「毎年の通常の活動でのもうけ」と考えてください。会社の場合には、通常の活動で発生しないような収益や費用もあります（これについては次の章で詳しく見ます）。でも、そういうのは含めずに、あくまで通常の活動で発生するもの、異常ではないものだけを考えた場合のもうけが経常です。

会社が通常の活動で受け取るおカネは、実は売上だけではありません。ほぼ全ての会社が、本業とは関係なく、受け取っているおカネがあります。どの会社も、会社を設立すれば、必ず銀行口座を開設します。銀行におカネを預けるわけです。銀行におカネを預けると利息が付きますね。今は低金利でほんのわずかな額かもしれませんが、いただけるのはありがたい。この利息は売上ですか？　違いますね。まさに、本業ではないけど、毎年通常の活動で発生するものになります。

本業以外で通常の活動で発生する収益を「営業外収益《えいぎょうがいしゅうえき》」と言います。代表例は利息の受け取りで、これを「受取利息」と言います。他にも、もし株式を持っていたら「受取配当金」も出てきます。多くの会社で出てくるのはこの二つでしょうから、皆さんは営業外収益＝受取利息・配当金などのこと、と覚えておいてください。

一方、会社が毎年支払うようなおカネについても、原価や販管費のような本業に関するものだけではありません。その代表例は、おカネを借りた時の利息の支払いです。皆さんはおカネを借りたことはありますか？　個人の場合には、おカネを借りないポリシーだ！　という人もいると思います。でも、会社の場合にはおカネを借りることはごく一般的なことです。おカネを借りれば利息を支払わなければなりません。この利息、本業とは関係ありませんが、毎年発生するものです。こういった、本業に関するものではないが通常の活動で発生する費用のことを「営業外費用」と言います。営業外費用は細かく言うと色々なものがありますが、よく出てくるものは利息の支払いで、これを「支払利息」と言います。皆さんは、営業外費用＝支払利息などのこと、と覚えてください。

営業外収益と営業外費用を合わせて「営業外損益《えいぎょうがいそんえき》」と言うこともあります。そして、営業利益から、営業外損益を足したり引いたりしたものが、経常利益＝経常ということになります。

ポイント　営業利益＋－営業外損益＝経常　→毎年の通常の活動でのもうけ

さてここまで、粗利から販管費を引いたら営業利益（＝本業のもうけ）になるということと、営業利益に営業外損益を加減したら経常（毎年の通常の活動でのもうけ）になるということを説明してきました。

萌美さん作成経常資料の抜粋（単位：万円）

	前期	当期	比	コメント
（売上と原価は省略）				
粗利	**300**	**400**	＋ **100**	**⇒粗利が増加**
販管費	200	320	＋ 120	販管費は大幅に増加
営業利益	**100**	**80**	**△ 20**	**⇒営業利益が減少**
（営業外は大きな変化がないことだけ確認し省略）				
経常	**80**	**60**	**△ 20**	**⇒経常が減少**

営業外損益は、株式をたくさん持っていたり、多額の借り入れがあったりするような会社では、それなりに大きな額になります。でも、実務的には、営業外損益が大きく動くことはあまり多くありません。ですから、ほとんどの場合、経常の動きは粗利と販管費の動きでざっくり説明できる、ということになります。

これは、あまり会計の本では触れられないのですが、知っているととても役に立つポイントです。

ポイント （営業外損益に大きな動きがなければ）経常の動きは粗利と販管費の動きでざっくり説明できる！

萌美さんのＰ／Ｌの資料をもう一度見てみましょう。すでに、第１章で売上と原価の関係を見ましたので、ここでは思い切って省略しました。さらに、営業外損益についても大きな変化がないことを確認した、という前提で動きを省略しました。それが、前ページの図です。

どうでしょう、かなり見やすくなったのではないでしょうか？　営業外の動きを無視してしまっていいのだ、と考えると、気がラクになります。経常の変化を、粗利と販管費だけで説明できるのですから。

経常は前期の80万円から60万円へと20万円減っています。粗利は１００万円増えているのですから、普通は経常も増えるかなと思うのですが、実際には経常は減少しているのです。

その理由は販管費が１２０万円も増えたからです。粗利の増加以上に販管費が増えたから経常が減ったのです。魔法のフレーズ「経常が減少したのは、粗利が増加した一方で、販管費がそれ以上に増加したためです！」の意味をお分かりいただけましたでしょうか？

もちろん利益ばかりでなくて損失の時もある

この本ではずっと黒字、つまり利益がプラスであることを前提に説明してきました。でも、もちろん会社が赤字、つまり損失が発生している時だってあります。粗利が赤字のことはあまりないのですが、本当に稀に「売上総損失」になることもあります。営業利益や経常利益が「営業損失」や「経常損失」になることは比較的よくありますし、あとで出てくる、税引前当期純利益が「税引前当期純損失」に、当期純利益が「当期純損失」になることはかなり頻繁にあります。今後もこの本では、利益が出て黒字になることを前提に説明していきますが、赤字の時には「利益」という言葉が「損失」になることを覚えておいてください。

さて、皆さんは赤字と聞くと、ダメな会社なんじゃないか、と思われますよね。確かに、赤字より黒字の方がいいと思うのは自然な感覚です。でも、すべての赤字の会社がダメな会社なのでしょうか。逆に、すべての黒字の会社がいい会社なのでしょうか。

現在、世界中の誰もが知っているアメリカの大企業に、創業以来赤字が長く続いた会社があります。創業は1995年。そこから7年連続で、営業赤字でした。赤字の累計は日本円で1兆円を超えました。この会社は今でも利益よりも成長を指向しています。売上はどんどん大きくなり、2300億ドル（2018年度）を超えました。日本円では25兆円以上です。皆さん、何という会社かわかりますか？

正解はアマゾン・ドットコムです。ではアマゾンは、赤字が続いたからダメな会社だったのでしょうか？　恐らく、ほとんどの人はそうは思っていなかったと思います。新しい挑戦をする場合には、設備投資や研究開発が必要です。日本でも、起業したばかりだと、数年間は赤字が続く方が、むしろ当たり前かもしれません。こういった会社にとって大事なのは、目先の利益よりも将来性です。

逆に、黒字が続いているからいい会社であるとも限りません。中には、時代の変化に対応しようとせず、従来から積み上げたものを食いつぶして、何とか黒字だけは確保しているような会社もあります。こういった会社が一概にダメとは言いませんが、将来衰退して赤字になるのがわかっているのに、現状は黒字だからと言って何ら手を打たないような経営はやはり批判されても仕方がないと思います。

普通は赤字より黒字の方がいいのは間違いありませんが、赤字だからダメとか、黒字だからよいと頭から決めつけてはいけません。大事なのはその中身をしっかりと分析することです。その意味でもぜひ、皆さんは、P／Lなどの決算書を読みこなせるようになってください。

私が「経常推し」の理由を説明します

ところで、先ほど私は「経常推し」と書きました。これは趣味の部分もないわけではないのですが、しっかり理由もあります。ここではその理由を説明しておきたいと思います。私が「経常推し」の理由、それは、経常は未来を語るからです。

私は今まで、何万という数のＰ／Ｌを見てきましたが、いつも見る順番が決まっています。売上↓粗利↓経常の順番です。まず売上を見て商売の規模を確認します。次にその業種を考慮して粗利の水準を想像しながら実際の粗利を見ます。最後に売上と粗利から経常の水準を想像しながら、実際の経常を見ます。予想より大きいかな、小さいかな、とか、去年より大きいかな、小さいかな、とかそういった分析をしていきます。

売上が多少上がったり下がったりということについては、私はそれほど気になりません。単価の高いものを売るようにすれば売上は上がりますし、単価の低いものを売るようにすれば売上は下がります。売上よりも気になるのは粗利です。ただ、粗利だって、営業マンを大量に投入したり、広告費を湯水のように使わなければ売れないものを取り扱っていて、粗利が上がったと喜んでいるわけにもいきません。そう考えると、私はＰ／Ｌの各利益の中で最も大事な数値は経常だと思うのです。

会社の状況を最も端的に示すもの。それが経常です。経常は、会社の「経常的なもうけ」を表します。通常の活動での取引のみを集計し、異常な要因を取り除いたもうけが経常です。ですので、今年の経常は来年の経常を予想するベースになりますし、去年と比べて経常が減少していれば、来年の経常も減少するかもしれない、と予測することもできます。

会社の未来を予測する数値、それが経常なのです。

販管費はある程度コントロールできると考えるのが経営者メセン

どの会社でも従業員はみんな売上を増やそうと頑張っているわけですが、景気が悪かったりすれば、売上をなかなか増やせないこともあります。また、原価についても、仕入れ先の状況に影響を受けます。売上がいまいちだから仕入れ値を下げてください、と急に言っても、それならお前のところには二度と売らないよ、と言われてしまうかもしれません。製造業であれば、従業員の皆さんが、原価を少しでも削減しようと知恵を絞っていますが、原価を削減するのは、そう簡単なことではありません。ですから「売上－原価」で計算される粗利については、なかなか会社がコントロールするのは難しいものです。

一方で、販管費というのは、減らそうと思えば何とか減らせるものも含まれています。たとえば、前の年にはチラシを作って広告したけれども、今年はやめて広告宣伝費を削減する、ということは割と簡単にできますね。なるべくコピーを減らしてペーパーレス化して印刷費を削減しよう、であるとか、クーラーの温度を少し上げて光熱費を削減しよう、ということもできるかもしれません。それから、どうしても業績が悪いからみんなのボーナスや給料をカットさせてください、ということも、もしかしたら考えられるかもしれません（とても、嫌ですけどね）。

原価と販管費に、なぜこのような違いがあるかと言うと、対応原則の「対応」の仕方が違うからです。第1章の最後に、費用と収益を対応させるのが会計の大原則だと書きました。原価については、売り上げた商品の仕入れ値ですから、いわば商品を通じて直接的に収益に対応させている、と言えます。一方、販管費（費用）はどのように収益と対応させているかと言うと、実は対応しているのは期間だけです。販管費（費用）は当期に発生したものを計上しているだけなのですが、売上（収益）も当期に発生したものを計上しているだけです。つまり、結果として期間を通じて両者が間接的に対応しているに過ぎません。商品を通じた直接的な対応ではありませんので、販管費の中には商品の売上のために必要ではないものも含まれています。これは、販管費については、（少なくとも一時的には）売上を減らすことなく削減する余地がある、ということを意味します。

ですから、販管費については、単に減ったとか増えたという表現から一歩前に進んで、「販管費を削減した」とか「販管費の増加を抑えた」とか、会社がある程度コントロールできるという前提での言い回しをすることができます。

萌美さんの魔法のフレーズでは「販管費がそれ以上に増加した」という表現になっていました。これは、「抑制がきかず増加してしまった」と表現することもできます。そういった表現ができると会社の上司からは「こいつは経営者メセンで見ることが体に沁みついている、できるヤツだ！」と思われるかもしれません。周りの人たちに対しても「こいつはもしかしたら幹部候補生なのかもしれない」といった印象を与えることができるかもしれませんね。

ポイント　経営者メセンでは、販管費は会社がある程度コントロールできるもの

（問１）経常が減少した理由を教えてください。（単位：万円）

	前期	当期	比	コメント
（売上と原価は省略）				
粗利	**400**	**500**	**＋100**	**⇒粗利が増加**
販管費	300	450	＋150	販管費は大幅に増加
営業利益	**100**	**50**	**△50**	**⇒営業利益が減少**
（営業外は大きな変化がないことだけ確認し省略）				
経常	**90**	**40**	**△50**	**⇒経常が減少**

経常の増減を説明するクイズに挑戦！

それでは、経常の増減を説明するクイズに挑戦してまいりましょう。販管費の増減の説明については、経営者メセンの雰囲気になるように、工夫してみてください。

問１　経常が減少した理由を教えてください。

どうでしょう？　営業外項目に大きな変化がなければ、粗利と販管費の二つに着目すればよいわけですね。

まず、粗利は４００万円から５００万円に増加しています。増加額は１００万円。一方、販管費が３００万円から４５０万円に増加しています。増加額は１５０万円です。粗利の増加額の１００万円以上の増加です。結果として経常の減少となっています。答えは次のようになります。

（答）経常が減少したのは、粗利が増加した一方で、販管費がそれ以上に増加してしまったためです。

（問２）経常が増加した理由を教えてください。（単位：万円）

	前期	当期	比	コメント
（売上と原価は省略）				
粗利	**400**	**500**	**＋ 100**	**⇒粗利が増加**
販管費	300	350	＋ 50	販管費の増加は抑えた
営業利益	**100**	**150**	**＋ 50**	**⇒営業利益が増加**
（営業外は大きな変化がないことだけ確認し省略）				
経常	**80**	**130**	**＋ 50**	**⇒経常が増加**

問２　経常が増加した理由を教えてください。

この例も、問1と同じように粗利も販管費も増加しています。でも、経常は減少していません。これも、粗利と販管費の二つの動きに着目すればよいわけですね。

まず、粗利は４００万円から５００万円に増加しています。増加額は１００万円です。一方、販管費は３００万円から３５０万円に増加しています。増加額は50万円で、粗利の増加額の１００万円以内に抑えられています。結果として経常が増加しています。

現実には、粗利の増加以上に販管費が増えるような問1のケースよりも、このケースの方が多いかもしれません。販管費の説明については、経営者メセンの雰囲気を出して「抑えたため」としてみました。

（答）経常が増加したのは、粗利が増加し、販管費の増加をそれ以下に抑えたためです。

皆さん、萌美さんのようにスラスラと答えられるようになりましたでしょうか。わからなくなったら、「(営業外損益に大きな動きがなければ) 経常の動きは粗利と販管費の動きでざっくり説明できる」というポイントを思い出してください。そして、粗利については、なかなか会社がコントロールするのが難しいものですが、販管費は、減らそうと思えば減らせるものもあり、会社がある程度コントロールできる、という点を踏まえて経営者メセンで表現するのでしたね。

どうです、完璧ですか？　経常は花形中の花形です。経常の動きを説明できることは、とても大事なことです。ですから、皆さんは、今とても大きな山を乗り越えたところです。ぜひこの調子で頑張っていきましょう！

第３章

Ｐ／Ｌを理解する魔法のフレーズ・その３

税前が増加したのは、経常が減少した一方で、
多額の特別利益が発生したためです！

魔法のフレーズ❸

税前《ぜいまえ》が増加したのは、経常《けいつね》が減少した一方で、多額の特別利益《とくべつりえき》が発生したためです！

【水曜日朝の経理課〜第一週〜】

前田課長　おはよう！　萌美《もえみ》さん。なんだか嬉しそうだね。何かあったの？

萌美さん　おはようございます。はい、実は昨日とっても特別なことがありまして。

前田課長　え、なになに？　特別なことって、え、まさか。萌美さん、結婚とか？

萌美さん　そんな、課長、結婚なんて、違います。実は、昨日、赤ちゃんが……。

前田課長　あ、あ、赤ちゃん？　マ、マジですか？　萌美さん、結婚はまだなのに？　い、いや、いいんだよ。萌美さん、なにか、悩むことがあったら、ボクに何でも相談してくれたまえ。実はボクは、こう見えて、人生経験だけは豊富だから。

萌美さん　あのー、課長、なにか勘違いしてませんか？　実はわたし、カブトムシを育てるのが趣味なんです。昨日の夜、ヘラクレスオオカブトの卵が孵化《ふか》したんです。

（萌美さん作成資料）P／Lの税前の前期比較（単位：万円）

	前期	当期	比	コメント
（売上、原価、販管費、営業外は省略）				
経常	**80**	**60**	**△20**	⇒経常が減少
特別利益	0	50	＋50	当期は多額の特別利益
特損	10	10	±0	大きな項目なし
税前	**70**	**100**	**＋30**	**⇒税前が増加**
（法人税等、最終利益は省略）				

前田課長　へ、ヘラクレス？　萌美さん、そんな趣味あるの？　それはよかったね。うん、よかった！

萌美さん　カブトムシの赤ちゃん。特別なこと、です！

前田課長　なるほど。あ、そう言えば、特別なことで思い出した。部長から追加で質問が来ちゃってね。「けいつね」が減った理由はわかったが、「ぜいまえ」が増えている、何か特別なことがあったのか？　と。萌美さん、わかりますか？

萌美さん　はい、課長。こちらの資料を見てください。税前が増加したのは、経常が減少した一方で、多額の特別利益が発生したためです！

前田課長　おー、萌美さん、ありがとうございます。税前が増加したのは、経常が減少した一方で、多額の特別利益が発生したためです、なのね。萌美さん、すごい。仕事、できるっ!!

経常に「特別なこと」を加減すると税前に

さて、この章でいったんP《ピー》/L《エル》の利益の基礎的なお話は最後になります。しつこいですが、P/Lって何でしたっけ？　P/Lとは損益計算書のこと。そう、一期間、例えば一年間の、会社の利益がどうだったかをわかりやすく表にしたものでした。P/Lを見れば、会社がもうかったかどうか、どうやってもうけたのかが一目瞭然……なはず。

第1章では粗利《あらり》とは何かを説明しました。粗利とは一言で言えば「売上－原価」のことでした。第2章では、営業利益について説明した上で、経常《けいつね》の説明をしました。経常は会社の「経常的なもうけ」つまり「毎年の通常の活動でのもうけ」を示すもので、とても大事な数値でした。そして、経常の動きは、営業外に大きな動きがない前提であれば、粗利と販管費《はんかんひ》の動きで説明できる、ということについても、もう皆さんは理解されたと思います。

つまり、皆さんは、会社のP/Lの前期と当期の二期分を並べて、会社がもうかったのか、どうやってもうけたのかを分析する知識をすでに手に入れたのです。本当にすごいことです！

ここで、皆さん、少し考えてみてください。経常は「経常的なもうけ」つまり「毎年の通常の活動でのもうけ」を表すことはわかりましたが、経常的ではない活動で発生するもの、つまり「特別なこと」から発生するものはどうしたらよいのでしょうか？

これらの特別なものを、利益であれば「特別利益《とくべつりえき》」、損失であれば「特別損失《とくべつそんしつ》」と呼びます。特別損失のことは「特損《とくそん》」と略す人が多いので、この本では特損で統一しましょう。ちなみに特別利益のことは略さずに特別利益とそのまま言う人の方が多いような気がしますので、そのまま呼ぶことにしますね。また、特別利益と特損を合わせて「特別損益《とくべつそんえき》」と言います。

経常に特別損益を加減して計算した利益を、「税引前当期純利益《ぜいびきまえとうきじゅんりえき》」ないしは「税金等調整前当期純利益《ぜいきんとうちょうせいまえとうきじゅんりえき》」と言います。どちらにしても、長いですね。ですので略して「税前《ぜいまえ》」と呼びます。税前は、ある意味ではP／Lの一つのゴールです。

ポイント　経常＋－特別損益＝税前（経常に特別なことを原因とした利益や損失を加減すると税前になります！）

土地建物や株式を売るのは「特別なこと」です

特別利益や特損は、「特別なこと」から発生する利益・損失であることはおわかりいただけたと思います。では、具体的にどういったものが「特別なこと」なのでしょうか。

例えば、会社が持っている土地建物を売った場合です。普通、会社は毎年のように土地を売ったりしません。土地建物を売るのは、萌美さんにとってのカブトムシの赤ちゃんのように「特別なこと」です。ですから、土地建物を売って、利益や損失が出れば、特別利益または特損になります。

さて、ここで問題です。土地を２００万円で売ったとします。特別利益はいくらでしょうか？　どうでしょう、わかりますか？　えっ、わからない？　そうです、正解です。「わからない」が正解なのです。

土地を２００万円で売ればおカネは２００万円入ってきますね。何となく特別利益は２００万円かな、と思うかもしれませんが、会計ではそういう考え方はしません。大事なのは、もともといくらで買って、いくらで売って、差額はいくらだったか、ということです。もともと、１５０万円で買ったものが２００万円で売れたのなら50万円の特別利益になります。もともと、３００万円で買ったものが２００万円で売れたのなら１００万円の特損になります。

第1章で次のような図が出てきたのを覚えていますか？

売上・原価・粗利の関係（イメージ）

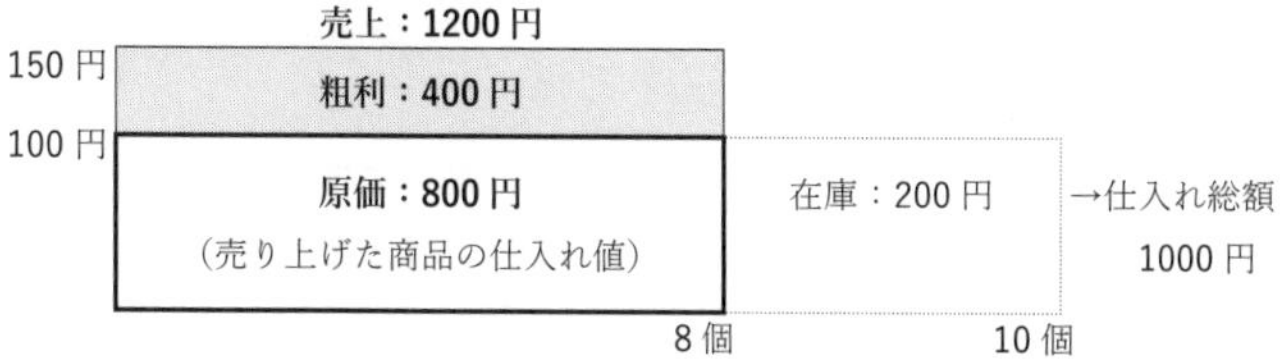

粗利は売上１２００円－原価８００円＝４００円でした。この時、本業の取引であれば、P／Lには売上と原価の両方が出てきます。

　では、本業でない土地などを売った場合にはどうなるでしょう。本業の取引ではないので、いくらで買って、いくらで売ったというような細かい情報にはあまりみんな興味がありません。最終的に、買った価格（＝取得価額と言います）と売った価格の差額がどれぐらいだったかだけを示せば十分。そこで、P／Lには、その差額だけを、特別利益または特損としてのせることになっているのです。

　特別利益や特損には他にも色んなものがありますが、皆さんは、土地建物などの不動産の売却や株式などの有価証券の売却など経常的でない「特別なこと」を原因とした利益や損失のことだと理解していただけたらと思います。

　ここで、もう一度魔法のフレーズを見てみましょう。「税前が増加したのは、経常が減少した一方で、多額の特別利益が発生したためです！」でした。この魔法のフレーズの意味、お分かりいただけました

土地を売った場合の損益（イメージ）

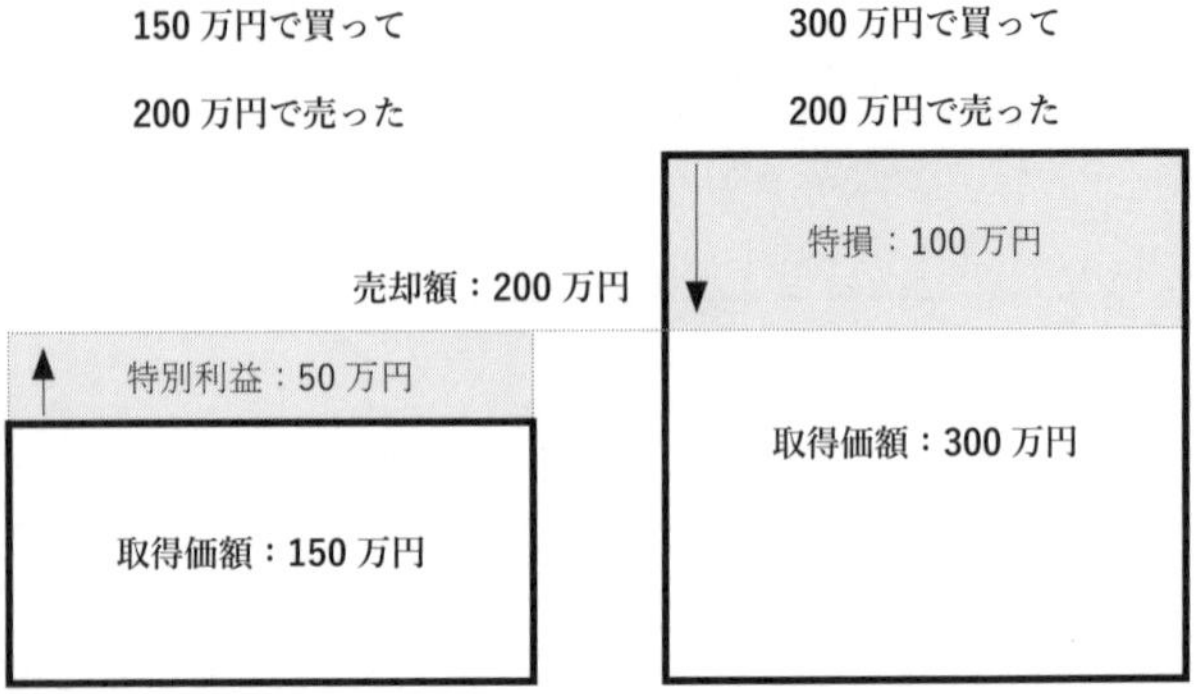

でしょうか？　多額の特別利益は土地建物や株式の売却を思い浮かべてくださいね。

　ところでこの特別利益・特損についてですが、たとえば販管費の時に見たように「特別利益を増加させたためです」「特損の増加を抑えられなかったためです」みたいな表現をしないことに注意してください。販管費はある程度コントロールできるものもあるので「増加させる」とか「抑える」といった言い方をします。でも、特別利益や特損は、何か「特別なこと」があって、結果として利益や損失が出るものです。コントロールできないのが、特別利益や特損です。ですからその二つは発生した事実を淡々と説明するようにしてください。

税前より下にある最終利益は「締めの雑炊」

　さて、ここで25ページのＰ／Ｌをもう一度見てください。この一番下、税前よりも下にある、最後の最後の利益について説明しておきましょう。正式名称は「当期《とうき》純《じゅん》利益《りえき》」です。最後の最後にふさわしい、シンプルな名前ですね。我こそが「当期のもうけです」と強烈アピールをしているような名前です。当期純利益は、「最《さい》終《しゅう》利益《りえき》」とか「税後《ぜいご》」とか言ったりします。この本では最終利益でいきたいと思います。

そんな、最後の締めにふさわしい最終利益。でも、私の中の大切さで言えば、経常や税前ほどではないかなと思います。フルコースなら、粗利という前菜で始まり、営業利益というスープの後、経常という肉料理、税前という魚料理があって、締めのデザートが最終利益というイメージでしょうか。居酒屋のコースなら、粗利というお通しから始まって、営業利益というサラダの後、経常という刺身盛り合わせに、税前という鍋料理があって、締めの雑炊が最終利益というイメージ。

さて、その鍋料理（税前）と締めの雑炊（最終利益）とは何が違うのでしょうか？　答えはとてもシンプルです。法人税等を引く前かどうか、の違いです。引く前のもうけが鍋料理（税前）。引いた後のもうけが締めの雑炊（最終利益）です。

法人税等とは何のことでしょう？　多くの皆さんは、税金と言われると思い浮かべるものは、消費税と所得税だと思います。消費税や所得税は、個人が支払う税金なのでよく聞くと

P／Lの最後の部分（単位：万円）

税引前当期純利益	100
法人税、住民税及び事業税	30
当期純利益	70

税前・・・鍋料理
最終利益・・・締めの雑炊

思いますが、法人税はあまりなじみがないかもしれませんね。

ここ30年くらいの間、消費税率がどんどん上がる代わりに法人税率はどんどん下がっていますので、以前ほどの重要性はなくなってきましたが、今でも国の税収の約19％を占めます（令和元年度予算）。ちなみに、消費税は約29％、個人の所得税は約30％になっており、この３つの税で国の税収の約79％になります。

法人税は、会社などの法人が支払わなければならない税金です。法人税の計算はどうやってするのかと言うと、基本的には税前に税率を掛けて計算します。つまり、もうかった時だけ支払う税金です。もうからなければ支払わなくて構いません。税率は会社の規模などによっても違いますが、法人税と似たような性質の住民税・事業税と合わせて、だいたい30％くらいです。

25ページのP／Lの一番下のところを抜粋すると、上のような感じでした。

１００万円の税前に30万円の法人税等がかかり、最終利益が70万円になっていますね。最終利益は法人税等を引いた後の最終的な利益ですが、法人税等がだいたい税前の30％くらいですから、多くの場合には最終利益はだいたい税前の70％くらいになる、というイメージを持っておいていただけたらと思います。

つまり、通常、最終利益は税前と比例的な動きをします。ですから、いったんこの章では、税前の説明に集中させていただきました。

（問１）税前が増加した理由を教えてください。（単位：万円）

	前期	当期	比	コメント
（売上、原価、販管費、営業外は省略）				
経常	**130**	**80**	**△50**	**⇒経常が減少**
特別利益	20	100	＋80	多額の特別利益があった
特損	10	0	△10	大きな項目なし
税前	**140**	**180**	**＋40**	**⇒税前が増加**
（法人税等、最終利益は省略）				

税前の増減を説明するクイズに挑戦！

税前の増減を説明するクイズに挑戦しましょう。税前の増減は、経常と特別損益（特別利益と特損）の増減で説明できます。具体的なケースを見ていきたいと思います。

問１　税前が増加した理由を教えてください。

このケースでは、まず経常が１３０万円から80万円へと減少しています。減少額は50万円です。一方、特損には大きな変化はありませんが、特別利益は１００万円と多額に計上されています（前期比＋80万円）。

従って、経常は減少しているが、多額の特別利益が発生したため、税前が増加したと言うことができます。

（答）税前が増加したのは、経常が減少した一方で、多額の特別利益が発生したためです。

（問2）税前が減少した理由を教えてください。（単位：万円）

	前期	当期	比	コメント
（売上、原価、販管費、営業外は省略）				
経常	**130**	**180**	**＋50**	**⇒経常が増加**
特別利益	20	10	△10	大きな項目なし
特損	10	100	＋90	多額の特損があった
税前	**140**	**90**	**△50**	**⇒税前が減少**
（法人税等、最終利益は省略）				

問2　税前が減少した理由を教えてください。

このケースはいかがでしょうか？　経常は130万円から180万円に増加しています。50万円の増加です。一方、税前は逆に140万円から90万円に減少しています。なぜでしょうか？

そうです。特別損益です。特別利益と特損をじっと見てみると何か気づきませんか？　当期の特損が100万円と非常に大きくなっており、結果として前期よりも90万円増加していますね。まさにこれが税前の減少の原因です。税前が減少したのは、当期、多額の特損が発生したため、ということになります。答えは以下のようになるでしょう。

（答）税前が減少したのは、経常が増加した一方で、多額の特損が発生したためです。

特損が毎年経常的に発生している会社（単位：万円）

	5年前	4年前	3年前	前期	当期	コメント
経常	20	30	40	50	60	経常は毎年増加
特損	20	40	60	80	100	特損は経常以上に増加
税前	0	△10	△20	△30	△40	税前の赤字は拡大

本当に特損でよいのか注意せよ

最後に少しだけ実務的な注意点です。世の中には、みんなが経常ばかり注目するから何でもかんでも特損にしてしまおうという、やや「ヨコシマ」な会社もたまにあります。例えば、上の表のような会社。

特損が毎年発生していますね。もはや、その年だけ発生したものではなくて、異常なことが毎年起こっているようなケースです。こんな会社ホントにあるの？　と思われるかもしれませんが、実は世の中にはこういうケースが結構あります。こういうケースで、経常は毎年増加しているから大丈夫、と早合点しないようにしてください。

あと、次ページの表のようなケースもあります。

これはよく見るケースです。この会社の経常的にもうける力がどうなのかは、３年前の特損の中身を見てみないとわからない。何だかよくわからない特損がドーンと計上されているけど、実はそれは本来、他の期にも毎期計上されるべき費用かもしれません。税前で見るとＶ字回復し

V字回復狙いの特損を計上した会社（単位：万円）

	5年前	4年前	3年前	前期	当期	コメント
経常	20	30	40	50	60	経常は毎年増加
特損			200			特損が1回だけ発生
税前	20	30	△160	50	60	1回を除いて黒字は拡大

ているように見えますが、損失を他の期にまんべんなく計上すれば、本当は毎年経常が大赤字になるとしたら、そういう単純な話ではなくなりますよね。

経常と税前の話、実は奥がとっても深いのですけれども、あんまり突っ込みすぎてもいけませんので、これくらいにしておきましょう。

P／Lの総復習～実際に決算書を分析してみよう！

さて、ここまで、三章にわたりP／Lを見てきました。P／Lは、一期間、例えば一年間の、会社の利益がどうだったかをわかりやすく表にしたものでした。P／Lを見れば、会社がもうかったかどうか、どうやってもうけたのかが一目瞭然、見ただけでわかるようになっている。皆さん、ここまでの説明を読んで、P／Lを見て、どうやってもうけたのか一目瞭然になったでしょうか？

P／Lについての魔法のフレーズは3つ紹介しましたね。ここで、それらのおさらいをしておきたいと思います。

P／Lの魔法のフレーズの再確認

①　粗利が増加したのは、売上が増加し、原価の増加も抑えられたためです！
②　経常が減少したのは、粗利が増加した一方で、販管費がそれ以上に増加したためです！
③　税前が増加したのは、経常が減少した一方で、多額の特別利益が発生したためです！

皆さん、この3つをしっかりと言えるようになってください。

ここからは力試しです。左のP／Lを見て、この会社がどうやってもうけたのか、一目瞭然でしょうか？　利益のところについては先にコメントを入れておきました。皆さんには、コメントの太字部分の理由を説明していただきたいと思います。

実はこのP／Lは、百貨店大手の三越伊勢丹ホールディングスの2019年3月期の決算書をもとに作成したものです。四捨五入したりして、見やすくなるように少し調整していますが、ほぼ同じものです。ほぼ現実の会社のP／Lですので、このP／Lを見て、どのようにもうけが出たのか説明できるようになったら、会計知識の基礎がしっかりと身についたということになります。

実際の会社のP／Lの例（単位：万円）

	前期	当期	比	コメント
売上高	1256	1197	△59	
売上原価	889	849	△40	
売上総利益	**367**	**348**	**△19**	**⇒粗利が減少①**
販売費及び一般管理費	343	319	△24	
営業利益	**24**	**29**	**＋5**	⇒営業利益が増加
営業外収益	15	14	△1	
営業外費用	12	11	△1	
経常利益	**27**	**32**	**＋5**	**⇒経常が増加②**
特別利益	1	30	＋29	
特別損失	26	47	＋21	
税引前当期純利益	**2**	**15**	**＋13**	**⇒税前が増加③**
法人税、住民税及び事業税	2	2	±0	
当期純利益	**0**	**13**	**＋13**	⇒最終利益が増加

もともとの金額の単位は10億円ですから、当期の売上は約1200×10億円、つまり1兆2000億円ということになります。ちょっと数字が大きすぎて想像がつかないかもしれません。答えは変わりませんので、この際、売上が1200万円くらいと思ってもらっても構いません。25ページのカエル商事のP／Lと同じくらいの規模になりました。ここでは、思い切って、単位は万円という前提で説明していきますね。

問1　粗利が減少した理由を教えてください。

第1章では粗利のお話をしましたね。粗利は「売上－原価」で計算されますので、粗利の動きは、売上と原価の動きで必ず説明できるのでした。このケースでは、粗利は19万円減少しています。理由は二つあります。

一つ目は売上の減少です。売上が1256万円から1197万円に59万円減少していま す。もう一つは原価の動きです。売上が減少していても、もし原価がそれ以上に大きく減少していたら、粗利は増加します。でも、このケースでは原価は889万円から849万円に40万円減っただけでした。ですから、答えは次のようになります。

(答)粗利が減少したのは、売上が減少し、原価も大きく減らなかったためです。

ところで皆さんは、デパートで12000円くらいの買い物をしたことがあるかもしれません。このP／Lでは売上が約1200万円、原価が約850万円ですから、このデパートの12000円の品物の仕入れ値はだいたい8500円くらいだ、ということもわかります。だいたい7割が仕入れ値っていうイメージです。ということはバーゲンで3割引きになっているから原価割れかな、なんて想像を働かせることもできます。P／Lは情報の宝庫ですね。

問2　経常が増加した理由を教えてください。

次は経常です。私が最も大事だと思っている利益です。ここがメインディッシュですよ。フルコースなら肉料理です。居酒屋なら刺身の盛り合わせ。ここが一番大事。一番大事な経常はどうなっているでしょうか？

経常は5万円増加しています。粗利は19万円減少しているのに、経常は5万円増加しているのです。なぜでしょう。経常を考える時にまず確認することは、営業外に大きな変化がないか、です。営業外が大きく変化することはあまりありませんが、必ず確認が必要です。このケースではほとんど動きがありませんね。ですから、営業外の動きは無視できます。

あとは販管費だけを見ればいいわけですが、販管費は３４３万円から３１９万円に24万円減っています。粗利の減少額19万円よりも減り方が大きいのです。つまり、粗利の減少以上の販管費の減少、これが経常の増加の理由だということがわかりました。

もちろん「販管費が減少したためです」と説明して構いません。でも、せっかくですから、経営者メセンをアピールしてみましょう。販管費は経営者メセンで見ると、ある程度、

実際の会社の販管費内訳の例（単位：万円）

	前期	当期	比	コメント
広告宣伝費	20	19	△1	
給料手当及び賞与	96	88	△8	大幅に削減
減価償却費	25	26	＋1	
地代家賃	41	36	△5	大幅に削減
業務委託費	35	34	△1	
その他	126	116	△10	
販売費及び一般管理費計	**343**	**319**	**△24**	販管費は減少

会社がコントロールできるもの、でした。ここでは「販管費を削減できたから」みたいな表現にすると、なおよいでしょう。

（答）経常が増えたのは、粗利は減少したものの、それ以上に販管費を削減できたためです。

ちなみに、この販管費をさらに詳しく分析することもできます。実際の三越伊勢丹ホールディングスのＰ／Ｌを見ると販管費の内訳も記載されています。これを見れば具体的に何を削減したのかがわかります。見やすいように少し数字を調整して上にのせておきました。

販管費の削減は、「給料手当及び賞与」や「地代家賃」などの削減によるものであることがわかります。「給料手当及び賞与」に関しては、そもそも従業員の人数を削減したのか、人数は変わらないが一人当たりの給料や賞与を削減したのか、その両方なのか、といったことまでは、この資料からはわからないものの、Ｐ／Ｌを見るとかなり詳細な分析ができることがおわかりいただけたのではないでしょうか？

問３　税前が増加した理由を教えてください。

最後に、税前の増加理由です。税前は、経常に特別利益・特損を加減したものですので、これらの動きで説明ができるはずです。

経常は前期から５万円増えています。まずは経常の増加が、税前が増加した理由の一つです。さらに、特別利益が30万円と多額に計上されています。前期は１万円ですから当期の方が29万円多くなっているわけです。これが税前の増加の大きな理由です。実は特損についても、当期の方が21万円多くなっているのですが、それ以上に特別利益の影響が大きいわけです。結果として、税前が前期の２万円から15万円に増えています。従って、答えは次の通りです。

（答）税前が増えたのは、経常が増加した上に、多額の特別利益が計上されたためです。

ちなみに実際の資料を見たところ、多額の特別利益の内容は、主に固定資産売却益でした。

いかがでしょうか？　皆さん、あっという間に、実際の会社の分析ができるようになってしまいましたね。会計には、色んな細かいルールがありますけれども、まずは、このP／Lの分析ができることが大前提です。そして、これができれば、会計の基礎をしっかりと理解していると言えます。ぜひ、自信を持っていただけたらと思います。

P／Lの説明はここまでです。次の章からは、いよいよB／S《ビーエス》の説明に入っていきます。少し細かい話も出てきますが、まずは、この章まで読んでいただき、ありがとうございました。引き続き頑張ってまいりましょう。

第４章

Ｂ／Ｓを理解する魔法のフレーズ・その１

売掛・買掛・在庫が増加したのは、売上や仕入れが増加したためです！

魔法のフレーズ④
売掛《うりかけ》・買掛《かいかけ》・在庫《ざいこ》が増加したのは、売上や仕入れが増加したためです！

【木曜日朝の経理課〜第一週〜】

前田課長　おはよう！　萌美《もえみ》さん。いつも元気いっぱいだね。昨日の夜はどこか行ったの？

萌美さん　課長、おはようございます。はい、昨日は久しぶりに同期会で、カラオケ行っちゃいました。

前田課長　そうか、萌美さんの同期は仲がいいからね。萌美さんはどんな歌をうたうの？

萌美さん　わたしは、歌は全然ダメなんです。でも、みんなの歌を聞くのは大好きです。昨日は、営業1課の稲葉くんと営業2課の松本くんの二人がすごくて。二人でB'z（ビーズ）を熱唱してましたよ。

前田課長　B'zはいいよね。そういえばB'zで思い出した。部長の関心は、どうも完全にP／L《ピーエル》からB'zに移ったみたいでね。ほら決算書のB'z。そこの売掛とか買掛とか在庫とか

（萌美さん作成資料）売掛・買掛・在庫の動き（単位：万円）

	前期	当期	比	コメント
売上	1050	1200	＋150	売上は増加
（参考）仕入れ	710	810	＋100	仕入れは増加
売掛	200	220	＋20	売掛は増加
買掛	150	160	＋10	買掛は増加
在庫	170	180	＋10	在庫は増加

が増えているとか言うんだよ。萌美さん、理由、わかりますか？

萌美さん 課長、きっとそれはB／S《ビーエス》、つまりバランスシートのことですね。B／Sの売掛、買掛や在庫が増加した理由を知りたいということじゃないですか？

前田課長 あ、そうそう、そのバランスシート！

萌美さん 課長、お答えします。こちらの資料を見てください。B／Sの売掛・買掛・在庫が増加したのは、売上や仕入れが増加したためです！

前田課長 おー、萌美さん、ありがとうございます。売掛・買掛・在庫が増加したのは、売上や仕入れが増加したためです、なのね。萌美さん、すごい。仕事、できるっ!!

B／Sは P／Lと並ぶ大事な書類です

「売掛《うりかけ》・買掛《かいかけ》・在庫《ざいこ》が増加したのは、売上や仕入れが増加したためです!」。正直、電車の中で、見ず知らずの人が、こんなフレーズを口走っていたら、知らない人でも私は「あなた、わかってるっ」と声をかけてしまうかもしれません。

このフレーズ、最高です。なぜ、最高だと思うのか。それは、この言葉が出てくるということは、単に簿記や会計のルールを学んだというだけではない、実務をしっかりと理解していることがわかるからです。

ぜひ、皆さん、この言葉の意味がわかるようになってください!

第1章の最初に、カエル商事が、100円のモノを10個仕入れて、150円で8個売ったお話をしました。売上は1200円、原価は売り上げたモノの仕入れ値ですから800円で粗利が400円でした。ここで、残った2個についてはどうなるのでしょうか? 2個分の仕入れ値は200円です。この200円はP／L《ピーエル》には出てきません。代わりに「貸借対照《たいしゃくたいしょう》表《ひょう》」という書類に「商品」という資産としてのせることになります。

第1章から第3章まではP／Lを見てきました。決算書にはいくつか大事な書類があるの

B／Sのイメージ図

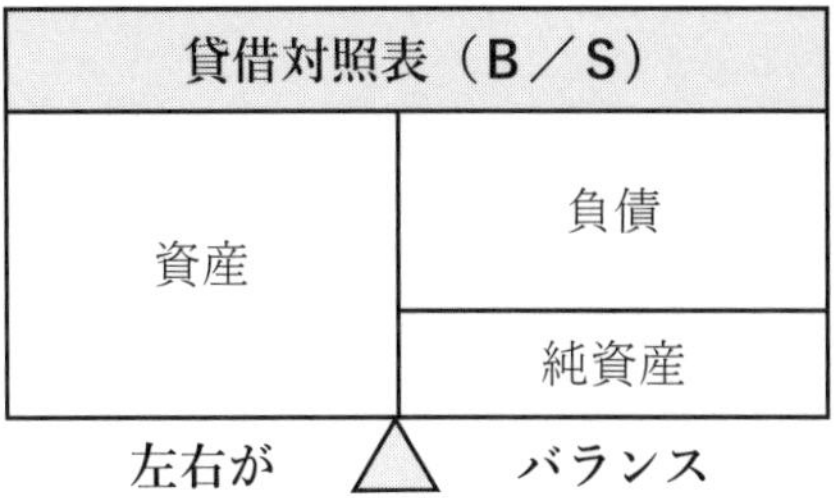

ですが、最も大事な書類は二つです。一つは皆さんご存知、もちろんP／Lですね。そして、もう一つがB／S、日本語だと「貸借対照表」です。みんな「ビーエス」と言いますが、B／SはBalance Sheet（バランスシート）の略です。そのまま「バランスシート」と呼ぶ人も多いですが、この本ではB／S《ビーエス》で統一することにします。

B／Sとは会社の決算日における資産負債などの状態を表したものです。P／Lが一期間のもうけを表す表だったのに対し、B／Sは一時点の財産の状態を表します。B／Sを見ればその会社の財政状態が一目瞭然というわけです。

バランスシートの「バランス」って何がバランスしているのでしょう。バランスという言葉は最近では「ワークライフバランス」みたいな使われ方をします。「あの人はバランス感覚がある」とか「あのカップルはアンバランスだよね」とか。天びんを想像して釣り合っている状態が「バランス」ということです。B／Sの「天びん」って何でしょうか？　前ページのイメージ図で説明しますね。四角い箱の部分は、B／Sを分析する時にしょっちゅう描く図ですので、ぜひ、皆さんも描けるようにしてください。

B／S＝バランスシートの何がバランスしているかと言うと、この図の左側と右側です。左右がバランスしている、つまり左右の合計額が同じになるような表、という意味でバランスシートというわけです。

B／Sには資産と負債と純資産がのっています

皆さん、資産という言葉と、負債という言葉の意味は何となくわかりますよね。たとえば、現金・預金や土地建物は資産になります。一方、借入金は負債です。これも何となくわかると思います。あえて定義するなら、資産はプラスの価値のこと、負債はマイナスの価値のことです。

わかりにくいのが純資産だと思います。この純資産の本質を説明しだすととても長くなってしまうので、シンプルに定義を言いますね。純資産とは「資産と負債の差額」のことです。つまり数式で表せば「純資産＝資産－負債」ということです。純資産については、第7

章で詳しく説明します。

百聞は一見に如《し》かず。まずは次ページのカエル商事のB／Sの例を見てみましょう。

資産の部は、流動資産と固定資産に区分します。固定資産はさらに有形固定資産、無形固定資産、投資その他の資産に区分します。

流動資産に区分されるものは、本業の取引に関するものと1年以内におカネになるものです。後者のことを「ワンイヤールール」と言います。本業の取引に関するものは、受取手形、売掛金、商品といった科目が該当します。ここには出てきませんが、貸付金などがあれば1年以内に回収予定のものはワンイヤールールで流動資産に区分され短期貸付金と表示されます。

固定資産のうち、有形固定資産に区分されるものは建物、機械及び装置、土地などです。無形固定資産の代表はソフトウェアです。投資その他の資産には、投資有価証券や長期貸付金が含まれます。

負債の部は流動負債と固定負債に区分します。流動負債も、本業の取引に関するものとワンイヤールールによるものを記載します。本業の取引に関するものには支払手形、買掛金があります。ワンイヤールールに基づくものは、短期借入金、未払金、未払法人税等、賞与引

カエル商事の貸借対照表（B ／ S）

（令和 2 年 3 月 31 日現在）

カエル商事株式会社　　（単位：万円）

（略語）	科目	金額	科目	金額	（略語）
	【資産の部】		**【負債の部】**		
	流動資産	**700**	**流動負債**	**500**	
	現金及び預金	160	支払手形	80	支手
受手	受取手形	90	買掛金	160	買掛
売掛	売掛金	220	短期借入金	200	短借
在庫	商品	180	未払金	20	
	その他	75	未払法人税等	10	
貸引	貸倒引当金	△ 25	賞与引当金	20	賞引
	固定資産	**900**	その他	10	
	有形固定資産	**650**	**固定負債**	**700**	
	建物	380	長期借入金	500	長借
	機械及び装置	150	退職給付引当金	120	退引
	土地	120	その他	80	
	無形固定資産	**100**	**負債合計**	**1200**	
	ソフトウェア	80	**【純資産の部】**		
	その他	20	**株主資本**	**400**	
	投資その他の資産	**150**	資本金	100	
	その他	150	資本剰余金	20	
			利益剰余金	280	
			純資産合計	**400**	
	資産合計	**1600**	**負債・純資産合計**	**1600**	

当金などです。また、固定負債の典型例は長期借入金と退職給付引当金です。

例によってそれぞれの科目の略語をB／Sの横に記載しておきましたので参考にしていただければと思います。

本業の取引で出てくるB／S科目は売掛・買掛・在庫

仕入れをして売り上げる、といったような本業の取引の場合には、もし仕入れたものをすべて売りつくし、売上代金の受け取りや仕入れ代金の支払いもすべて済んでいるのであれば、B／Sには現預金以外何も出てこないはずです。でも、実際には商品は在庫として残る方が普通ですし、支払いが全部済んでいないケースの方が普通です。特に、毎日のように商品を仕入れて、毎日のように商品を売る会社では、決算日に受け取りや支払いがすべて済んでいることはまずありません。

カエル商事は、お酒の問屋さんでした。お酒の問屋さんは、色んなところからお酒を仕入れてきます。ビールであれば、ビール会社からですね。アサヒ、キリン、サッポロ、サントリー。どれもそれぞれ特徴があります。お酒の中でもやっぱりビールは定番でしょうから、日常的に仕入れることになるでしょう。ほかには、日本酒も欠かせませんね。いい日本酒が手に入るかどうかは酒蔵とのお付き合いがしっかりできているか次第です。まさに問屋さんの腕の見せ所でしょう。

それからワインはどうでしょうか？　国産ワインもあれば輸入ワインもいいですね。それぞれ仕入れるルートが違ってきます。私は赤ワインが好きでして、やっぱりナパバレーのカベルネ・ソーヴィニョンがいいかな。これに生ハムとチーズをつまみにしたら……いやあ最高です。あれ、何の話でしたっけ？

お酒の問屋さんは、日常的に色んなところからお酒を仕入れてくるので、買うたびにいちいちおカネを支払っていられません。通常は「掛《かけ》」で支払うのが商慣習です。一般用語で言えば「ツケ払い」のことです。

カエル商事の一ヵ月間の仕入れと売上を考えてみますね。例えば、8月はビールがおいしい季節。8月の一ヵ月間、日常的にお酒を仕入れて8月末にいったん締める。8月分を集計したら仕入れ額は100万円になったとします。その代金は10月末までに支払ってくださいね、という約束になっているとします。ということは、問屋さんは100万円の負債をかかえたことになります。

「負債」はB／Sの右側でしたね。8月末のB／Sには、まだ支払っていない100万円が負債としてのっかっていなければならないことになるのです。本業で「掛」の取引で仕入れた時に生じる負債を「買掛金《かいかけきん》」と言います。これを略してみんな「買掛《かいかけ》」と呼んでいます。

ポイント 掛で仕入れた時のおカネを支払う義務(負債)を買掛と言う!

次に、仕入れたものを売ります。ビールや日本酒は居酒屋向けにたくさん売れるでしょう。ワインはレストラン向けが多いでしょうか。もちろん、酒屋さんやスーパーなどにも売ったりするでしょう。仮に、8月の売上が120万円だったとします。この売上についても、通常は「掛」で売ることが多いです。8月末でいったん締めると、売った相手に対して「120万円支払ってください」という権利が残ることになります。この権利は会社の資産です。

「資産」はB/Sの左側でしたね。8月末のB/Sには、まだ受け取っていない120万円が「資産」としてのっかっていなければならないことになるのです。本業で「掛」の取引で売り上げた時に生じる「資産」を「売掛金《うりかけきん》」と言います。これを略して「売掛《うりかけ》」と呼びます。8月末の売掛金は120万円ということになります。

ポイント 掛で売り上げた時のおカネを受け取る権利(資産)を売掛と言う!

ところで皆さん、手形ってご存知ですか？　赤ちゃんとかお相撲さんの手形をイメージされた方もいるかもしれませんね。最近はペーパーレス化の時代、かなり手形も減ってきていますので、無理もありません。でも、まだまだ世の中には手形取引もあります。ちょっと調べると、我が国では、２０１８年に約２６１兆円の手形が交換されたそうです。まだまだ結構取引があるんですね。でも、これはピークの１９９０年の交換高の20分の1なのだそうです。

手形というのは、代金を支払う代わりに、お札よりもちょっと大きいくらいの決められたフォームの紙に、いつまでにいくら支払います、といった記載をして、自社のハンコを押したものです。機能としては借用書と同じようなものです。商慣習として、手形が使われている業種も結構あります。

手形取引で売った場合には、B／Sの資産に「受取手形《うけとりてがた》（受手《うけて》）」を計上します。受取手形は売掛の仲間です。一方、手形取引で仕入れた場合には、B／Sの負債に「支払手形《しはらいてがた》（支手《して》）」を計上します。支払手形は買掛の仲間だと考えてください。本書ではこのあと手形取引は出てきませんが、カエル商事のB／Sにのっていますので、確認しておいてくださ

魔法の在庫BOX

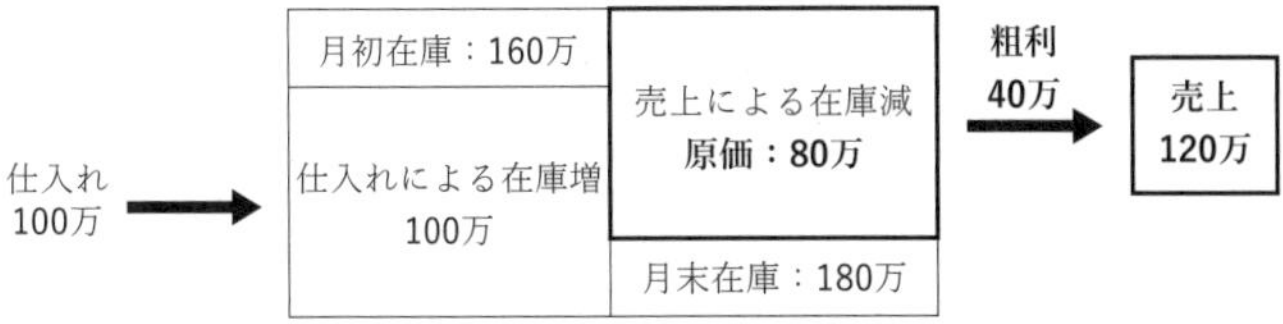

い。

在庫ＢＯＸを描くとわかりやすい！

最後に在庫の説明をします。さきほどの例ではさらっと、仕入れが１００万円、売上が１２０万円と書いてしまいましたが、普通は仕入れた１００万円分のうち、もう売れてしまったものもあれば、売れ残ったものもあるはずです。ビールは鮮度が大事、ですから、すぐに売らなければならないでしょうが、常に倉庫に商品がある状態になるでしょう。

日本酒は、色んな銘柄があるので、すぐには在庫がなくならないかもしれません。日本酒は新潟がいいですね。久保田、八海山《はっかいさん》、越乃《こしの》寒《かん》梅《ばい》。それから上善如水《じょうぜんみずのごとし》も好きです。あ、すみません。また、話が脱線してしまいました。とにかく、全国の日本酒の銘柄は2万種類以上と言われていますので、倉庫には様々な銘柄の商品があるはずです。

倉庫に残った商品のことを「在庫《ざいこ》」と言います。B／Sの流動資産に商品という科目がありますが、実務的にはこれを在庫と呼ぶ人が多いので、本書でも在庫で統一しましょう。

7月末の在庫が160万円だったとしましょう。8月の仕入れは100万円です。そして、仕入れ値で80万円分の商品が8月中に120万円で売れたとしましょう。この場合8月末には在庫が180万円残っていることになりますね。

何だか数字がたくさん出てきてゴチャゴチャしてきました。そんな時は、前ページ上のような「魔法の在庫BOX」を描きます。これ、会計の世界ではとても有名なBOXです。何年、会計に携わっていても、やっぱり在庫BOXはしょっちゅう描いてしまいます。

左側から商品が入ってきて、在庫BOXは倉庫のイメージ。売れたら右側に流れていきます。月初にあった在庫が、仕入れで増えて、売ることで倉庫から減っていく様子がわかりますよね。売上、原価、粗利の3つがP／L項目です。それから、月末の在庫がB／S項目になります。この関係が理解できるようになると、すごいです。

在庫に関しても、全体的な取引量が増加傾向にあれば、増加する傾向があります。ですから、売上や仕入れが増加すれば、在庫も増加する傾向があるのです。

さて、ここまで見てきて、売掛・買掛・在庫といったB／S項目と、売上といったP／L

項目が相互に関係しあっているということを、ご理解いただけましたでしょうか？「掛」の条件が、例えば末締めの翌月末払いとか、15日締めの翌々月末払いとかずっと同じなのであれば、直前の売上が増えれば売掛は増えるし、仕入れが増えれば買掛が増えるわけです。

普通は毎年同じ日が決算日です。例えば3月末が決算日であれば、2月から3月あたりの売上額が売掛の額に影響を及ぼしますし、同じく2月から3月あたりの仕入れ額が買掛や在庫の額に影響を及ぼします。だから、売上や仕入れが増加傾向にあれば、売掛・買掛・在庫も増加することが多いわけです。そのあたりの理解があって、出てきたのが萌美さんの魔法のフレーズ「売掛・買掛・在庫が増加したのは、売上や仕入れが増加したためです！」なのです。

ここでは、売掛・買掛・在庫に関しては、基本的には仕入れと売上が増えるのに伴って増える傾向にあること、それから、そうは言っても最終的には売掛と買掛は期末直前の取引量に影響されるということをご理解いただけたかと思います。これが理解できていれば、バッチリです。

ポイント　売掛と買掛は期末直前の取引量に影響される

（問１）売掛・買掛・在庫が減少した理由を教えてください。（単位：万円）

	前期	当期	比	コメント
売上	1200	900	△ 300	売上は減少
（参考）仕入れ	850	600	△ 250	仕入れは減少
売掛	220	180	△ 40	売掛は減少
買掛	160	130	△ 30	買掛は減少
在庫	180	130	△ 50	在庫は減少

売掛・買掛・在庫の増減を説明するクイズに挑戦！

売掛・買掛・在庫の動きは、通常は売上や仕入れの動きに比例します。ただ、例外もありますね。具体的に見ていきましょう。

問1　売掛・買掛・在庫が減少した理由を教えてください。

このケースは萌美さんのカエル商事のケースの逆ですね。売掛・買掛・在庫はすべて減少しています。一方で、売上と仕入れを見てみると両方とも減少しています。つまり、売上と仕入れの減少がそのまま、売掛・買掛・在庫の減少という結果につながっていると言うことができます。ですから、答えは次のようになるでしょう。

（答）売掛・買掛・在庫が減少したのは、売上や仕入れが減少したためです。

（問２）売掛・買掛が増加した理由を教えてください。（単位：万円）

	前期	当期	比	コメント
売上	1200	1100	△ 100	期末直前の臨時取引で＋ 200
（参考）仕入れ	850	750	△ 100	期末直前の臨時取引で＋ 150
売掛	220	380	＋ 160	売掛は増加
買掛	160	280	＋ 120	買掛は増加
在庫	180	130	△ 50	在庫は減少

問２　売掛・買掛が増加した理由を教えてください。

　これはかなりの応用問題です。上の表を見てください。売上も仕入れも少し減っています。そういう時は売掛・買掛・在庫は減ることが多いです。でも、このケースでは売掛・買掛は増えています。

　売上と仕入れにコメントがあります。期末直前の臨時取引があったとのことです。売掛・買掛の額は、最終的には期末直前の取引量に左右されますので、臨時取引が原因で売掛・買掛が増えているのですね。

　実務でもこういうケースはあります。当期はどうも売上が不調だったので、何とか売上を確保するために期末にバーゲンをしよう、といったことをすると、期末近くの取引が増えてこういった数字になることがあります。

（答）売掛・買掛が増加したのは、年間の売上や仕入れは減少した一方で、期末直前に臨時の取引があったためです。

とても大事な在庫のハナシ

この章の最後に、少しだけ欲張っていいですか？　企業経営において、とても大事な「在庫」のお話です。「在庫」というのは本当に経営にとって難しいテーマです。あまり在庫を抱えすぎると売れ残りにつながりますし、あまり在庫を少なくしすぎると欠品ばかりになりお客様の信用を失ってしまいます。カエル商事にアサヒスーパードライを１００本くださ い、と頼んだところ、今は50本しかありません、という返事だったら、二度と頼みたくなくなりますよね。一方で、ほとんど売れない銘柄のお酒を大量に仕入れたら、売れ残りを抱えることになります。

「在庫」は基本的には仕入れが増えるのに伴って増えます。たくさん仕入れれば「在庫」は一時的に増えます。なぜたくさん仕入れるのか、と言えば、売れる見込みがあるから、ですよね。

シナリオ①：売れる見込みがある↓たくさん仕入れる↓たくさん売れる↓一定の在庫が必要（健全な在庫増）

こういうシナリオだと、たくさん商品を仕入れるので、いったん在庫が増えることになります。そして、順調にたくさん売れていけば、もっと売れるだろうという見込みになりますので、通常はさらにたくさん仕入れることになります。毎月定期的に仕入れていくような商売の場合、順調に売上が伸びていけば、在庫は少しずつ増えていく、ということになります。これは健全な在庫の増加です。

でも、そんな簡単に目論見《もくろみ》通りになるとは限りませんね。こんなシナリオも考えられます。

シナリオ②：売れる見込みがある→たくさん仕入れる→見込みほど売れない→在庫がたまる（不健全な在庫増）

見込み違いで、売れ残りがたくさん出てしまったケースです。不健全な在庫の増加と言えますね。こういうのは、会社にとっていい状況ではありません。

在庫がたくさんあると、何が問題なのでしょう。まず、在庫が売れなかったらどうなるか。せっかくおカネを払って仕入れたのに仕入れ代金分がパーになってしまいますね。在庫には保管費もかかります。倉庫代やその管理をする人の人件費など、売れる見込みのない在庫を抱えると相応のコストがかかります。それだけではありません。もし、商品を仕入れるために、借り入れをしているとしたら、その利息分もかかりますし、そもそも返済できるのか、という深刻な問題にも直面します。在庫を持つだけで色んな費用がかかる。つまり、在庫とは「コスト」なのです。

ポイント 在庫が売れなかったら色んな費用がかかる→在庫はコスト！

でも、在庫の全てが悪いというわけではありません。「千両みかん」という古典落語をご存知でしょうか。若旦那が夏の盛りに心の病気になります。医者に「願いがかなえば治る」と言われ、番頭が何か欲しいものはないかと聞くと、「みかんが食べたい」と言います。時代は江戸時代です。今と違って冷蔵庫などありません。普通は夏にみかんは食べられません。番頭は江戸中を探し回って、ようやく、みかん問屋を見つけます。みかん問屋は蔵の中のみかん箱をひっくり返します。腐っているみかんばかりです。でも、たった一個だけ、腐っていないみかんを見つけました。

「お客様、このたった一個のみかん、もし、値をつけるなら、千両になります」

千両は大金ですが、商売人であれば夏のみかんに千両をつけるのは当然だという話になり、たった一個のみかんを千両で買うことになります。若旦那はそのみかんを食べて元気を取り戻します。

私はこの話、みかん問屋はたった一個のみかんを千両で売ったので、うまいこともうけたね、という単純なことを伝えているものだとは思いません。このみかん問屋は、夏にみかんを買いたいなどという人がいるかどうかもわからないのに、蔵の中にずっとみかんを置いていたわけです。普通に考えれば無駄なことだと思います。

でも、みかん問屋である以上は、夏にみかんを買いたいという人が本当に現れた時に「夏にみかんはありません」とは言えない、と考えたのではないでしょうか。だから、ほとんどが腐ってしまうかもしれないのに、たくさんのみかんを蔵の中に置いていたわけです。きっと、この話の後、みかん問屋の名声はあっという間に広まったのではないでしょうか？　つまり、在庫はコストであると同時に、店の信用、言い換えると「のれん」を守るものでもあるのです。

だからこうすればいい、という結論があるわけではありません。もちろん、無駄な在庫をたくさん持っていてはいけません。でも、在庫がないと、顧客からの信用を失います。在庫をどうするかは、どういう会社を目指すのか、方針を踏まえたうえで、経営者が判断していかなければならないまさに経営判断の問題です。多すぎてもダメ、少なすぎてもダメ。試行錯誤を繰り返しながら、適正な水準を探っていく必要があるのです。

ポイント　在庫は会社のコストである一方で、「のれん」＝信用を守る。その兼ね合いが経営判断なのだ！

以上で、第4章はおしまいです、第5章でも引き続きB／Sを見ていきますね。頑張ってまいりましょう。

第5章

B／Sを理解する魔法のフレーズ・その2

有形固定資産が増加したので、減価償却費の負担が増えています！

魔法のフレーズ❺

有形固定資産《ゆうけいこていしさん》が増加したので、減価償却費《げんかしょうきゃくひ》の負担が増えています！

【金曜日朝の経理課～第一週～】

前田課長　おはよう！　萌美《もえみ》さん。いつも笑顔だけど、困ったことはない？

萌美さん　課長、ありがとうございます。でも……いえ、わたしの悩みなんて、大したことはありません。

前田課長　やっぱり何かあるんだね。気になるなあ。ほら、悩みごとで、仕事がはかどらなくなってもいけないし。

萌美さん　そうですか、課長ってやさしいですね。わたしなんかのことを、心配してくれて、ホントにありがとうございます！　実はわたし、新しい冷蔵庫を買おうと思っているのですが、右開きにしようか、左開きにしようか、どうしても決められなくて。それ考えると、夜も眠れなくなっちゃうんです。

（萌美さん作成資料）有形固定資産と減価償却費の明細（単位：万円）

	前期	当期	比	コメント
有形固定資産	**680**	**650**	**△ 30**	**前期は大幅に増加した**
建物	400	380	△ 20	前期末に 400 の建物を取得
機械及び装置	160	150	△ 10	
土地	120	120	± 0	
減価償却費	**10**	**30**	**＋ 20**	**減価償却費が当期から増加**
建物	-	20	＋ 20	減価償却費が当期から発生
機械及び装置	10	10	± 0	

前田課長　れ、冷蔵庫?? なるほど。うちの冷蔵庫はどっちかな? 右と左がわからなくなるのって、会計に似ているね。あー、そーだ、また部長に聞かれていたんだった。B／Sの左側だと思うんだけど、有形固定資産っていうのがあって、あれが増えているらしいんだけど、P／Lにどういう影響があるか、教えてくれって。萌美さん、わかりますか?

萌美さん　はい、もちろんです。こちらの資料を見てください。**有形固定資産が増加したので、減価償却費の負担が増えています！**

前田課長　おー、萌美さん、ありがとうございます。有形固定資産が増加したので、減価償却費の負担が増えています、なのね。萌美さん、すごい。仕事、できるっ!!

大きな買い物はちょっとずつ費用に！

皆さんにとって大きな買い物って、どんな買い物でしょう？　一人暮らしを始めれば、電器屋さんで、色々買いますよね。冷蔵庫、洗濯機、エアコンとか。あと、布団とかベッドとか。机やいすも要りますね。

次に、車が欲しいな、とか。大きな買い物ですね。中古でも数十万はします。新車なら最低でも100万円以上。大きな買い物です。車だと、リースでもいいかな、というケースもあるでしょう。そもそも、使う時だけレンタカーでもいいか、みたいな人も多いと思います。

そして、何と言っても、大きな買い物と言えば、マイホームでしょうか。昔は「夢のマイホーム」なんて言いました。今でももちろん「夢」かもしれませんが、今のはやりは「シェアリング」ですので、別に持ち家がなくてもいいじゃないか、ずっと賃貸の方がいいんじゃない？　という考え方の人も増えてきましたね。

では、会社が大きな買い物をした場合はどうでしょう。会社の場合には、個人よりももっと大きな買い物をすることもあります。個人でしたら、マイホームを買ったとしても数千万円ですよね。それでもすごい額ですが、会社だと、土地を買って工場や自社ビルを建てたら、数十億円なんてこともしょっちゅうあります。

会社が大きな買い物をすると、B／Sには固定資産がのっかります。固定資産は、①有形固定資産、②無形固定資産、③投資その他の資産の３つに区分されることは、前章で述べました。皆さんがイメージしやすいのは、有形固定資産かと思います。建物や機械及び装置、土地などです。

カエル商事の例を使って説明しますね。前期末に４００万円で建物を購入しました。B／Sはどうなるでしょうか？　まず買った直後、B／Sの資産の部には有形固定資産として「建物」が計上されています。金額は購入価格の４００万円です。

P／Lはどうなっているでしょうか？　おカネは４００万円支払ってしまいました。普通、おカネを支払うと、費用になりますよね。でも、カエル商事、建物を建てたので今期の費用は４００万円です、ってことになったら、きっと困るでしょうね。カエル商事の税前は１００万円くらいなので、一気に大赤字になってしまいますから。

じゃあ、どうすればいいでしょう？　会計のルールでは、少しずつ費用にしてあげることになっています。この建物は20年くらい持ちそうです。20年持つのであれば、１年あたり20

万円ずつ費用にしてあげればよさそうです。1年20万円で20年経つと、ちょうど400万円になりますからね。

こういった会計処理のことを「減価償却《げんかしょうきゃく》」と言い、この時の費用のことを「減価償却費《げんかしょうきゃくひ》」と言います。P／Lでは20年間にわたって毎年20万円の減価償却費が計上されることになります。減価償却費は、通常は販管費に計上されます。但し、工場など製品の製造のために使う固定資産の減価償却費は原価計算に含めて、製造原価になります。

減価償却をした場合、B／Sの方はどうなるでしょうか？　カエル商事のケースでは、前期末に買っていますので使い始めたのは今年からです。決算日にちょうど1年間使ったことになりますので、当期のP／Lでは減価償却費を20万円計上しなければなりません。そしてB／Sの方は20万円分の価値が減ったとみなすのですから、建物は380万円になるはずです。価値が減るから「減価」償却です。

その後も毎年、減価償却費分20万円を減らしていくことになります。そして、ちょうど20年後には建物はゼロになります。本当に価値がゼロになるかどうかはわかりませんが、20年くらい持つと仮定したわけですから、ちょうど20年後には価値がゼロになっているだろう、と考えるわけですね。図にすると次ページのようなイメージです。

定額法の減価償却費と簿価のイメージ（単位：万円）

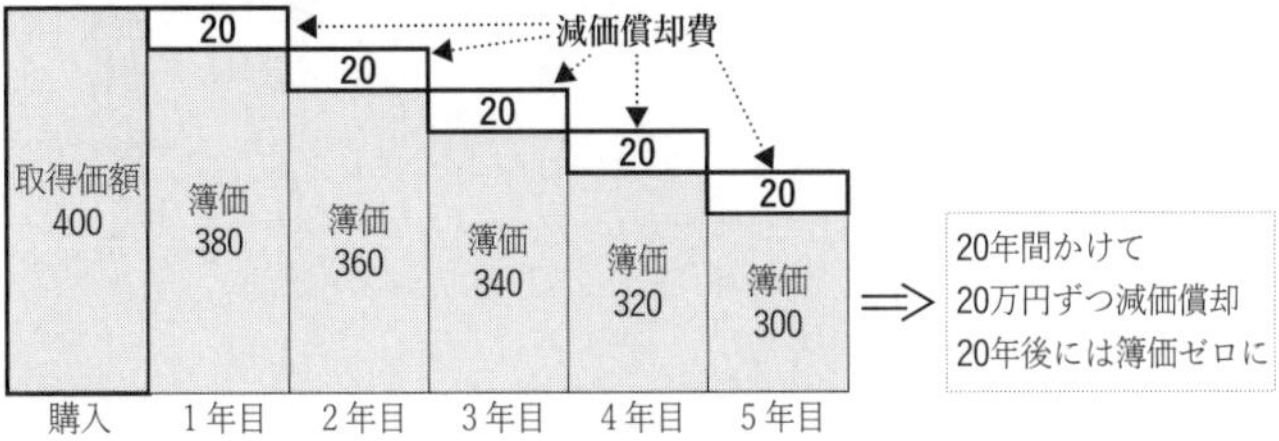

本当に毎年20万円分価値が減ったかどうかはわかりませんよ。本当は増えたかもしれませんし、もっと減ったかもしれません。でも、どちらにせよその会社が使うのであれば、売ってもうけようという訳ではありませんので、本当の価値はあまり関係ありません。とにかく20年使うのだから1年間で20万円分価値が減ったとみなすのです。

なお、固定資産の中でも減価償却しないものもあります。厳密に言うと、色々とありますが、代表的なものは土地です。土地を20年使ったら、ボロボロになってしまった、なんてことはありませんね。土地は使っても価値が減りません。ですから、土地は減価償却をしません。カエル商事の萌美さんの資料でも、土地の額に変化はありませんね。

以上が減価償却の大まかな説明です。とにかく大きな買い物はちょっとずつ費用にします。それが「減価償却」です。何となくわかりますか？　わかった？　すごいです！　「減価償却」はとても大事ですので、しっかり理解してください。

ポイント **大きな買い物は少しずつ費用に。それが減価償却だ！**

定額法《ていがくほう》の計算は簡単

減価償却費については、法人税法に規定があり、建物は定額法で計算することになっています。定額法は毎期同じ額の減価償却費を計上する方法です。先ほど例に挙げたカエル商事の建物の計算方法が定額法です。そんなに難しくないと思います。

減価償却の計算には二つの数値が必要です。取得価額と耐用年数の二つです。カエル商事の例で言えば４００万円が取得価額で、耐用年数は20年でしたね。この二つの数値だけで、減価償却費は年間20万円と計算できました。これは取得価額を耐用年数で割った金額です。とても簡単ですね。

ところで皆さん、「なぜ減価償却なんてことをしなければならないの？」と問われたら、どう答えますか？　先ほど少し触れたように「一気に費用になったらシンドイから」ですよね。平たく言うとそういうことです。でも、もう少し専門用語で説明できますか？　そう、第1章で説明した「対応原則」です。「対応原則」は「費用と収益は対応させましょう」という原則でした。減価償却とは、固定資産を使って収益を上げることが想定されるのだから、その収益としっかり対応させるために、使う期間に配分して費用にしましょう、という考えに基づいて行われるものなのです。

「対応原則」はとても大切です。例えば、この建物を買うのではなくて、借りていたとしたらどうですか？　年間の賃料は、だいたい20万円プラスアルファくらいになるはずです。そうすると、毎年の費用はだいたい20万円プラスアルファくらいの金額になるはず。つまり、買った場合の減価償却費と借りた場合の賃料がだいたい同じになるということです。

もし、減価償却をしなければ、建物を買った会社と借りている会社で利益が大きく変わってしまいます。これは、おかしいですよね。どちらのケースでもしっかりと「対応原則」を守って費用計上してはじめて、ほかの会社の利益との比較ができるようになるのです。

ウサギさんの定率法《ていりつほう》はちょっとややこしい

実務上、ほとんどの会社で減価償却費が出てきます。ですから、ぜひ、皆さんにはある程度、減価償却について理解をしていただきたいのですが、定額法と比べて、ここで説明する定率法なるものはややこしいと思います。でも、法人税法では、建物と建物附属設備以外の有形固定資産については定率法が原則になっています。少し我慢して、読んでいただけたらと思います。

「定率法」とは、期首の減価償却後の固定資産の簿価に一定の償却率を掛けて、減価償却費を計算する方法です。例えば、取得価額が100万円、一定の率が0・2だったとします。最初の年の減価償却費は100万円×0・2で20万円になります。次の年は100－20＝80万円が簿価になります。ですから、80万円×0・2＝16万円が減価償却費です。

法人税法では「200％定率法」という方法が採用されています。「200％」というのは、定額法の場合の償却率の200％、つまり2倍ということです。償却率というのは、減価償却計算の時に取得原価に掛ける一定の率のことです。耐用年数10年であれば、定額法の場合には0・1（10分の1）ということになります。ですから200％定率法の償却率は0・1×200％＝0・2になります。

ここまでは、皆さん、何とか理解できるかと思います。ここからが少し厄介な話が出てきます。次ページの図を見てください。定率法だと、初めのうちの減価償却費がとても大きく、簿価がどんどん減っていきます。定額法だと減価償却費は毎年10万円で、簿価が半分になるのに5年かかりますが、定率法だと3年目には約半分ですね。あっという間に簿価が小

定率法（補正なし）の減価償却費と簿価のイメージ（単位：万円）

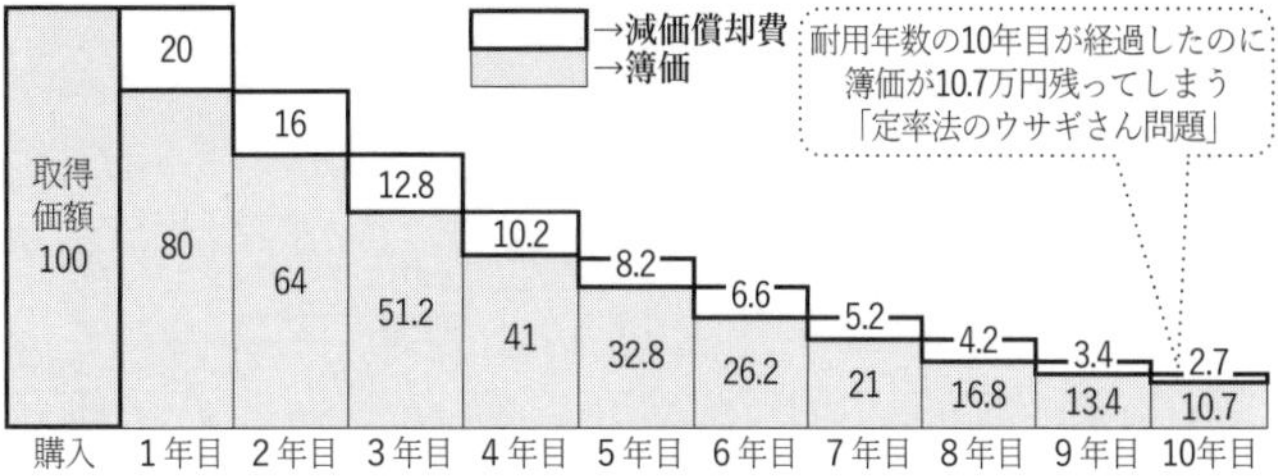

さくなることがわかると思います。

でも、途中から、減価償却費がとても小さくなります。最初は勢いがよかった減価償却費ですが、9年目、10年目で償却費は3・4万円と2・7万円。最初の勢いはどこに行っちゃった？　しかも、さらに大問題があります。もう10年経ったはずなのに、まだ10・7万円簿価が残ってしまいます。一定率の減価償却費分を減らしていく、という定率法では、固定資産の簿価は、絶対に何年経ってもゼロにはなりません。

定額法が「カメさん」とするならば、定率法は「ウサギさん」です。最初は調子よく減価償却していくのですが、途中で息切れして最後はグダグダになる。この問題を私は「定率法のウサギさん問題」と呼びます（この言葉を使っているのは私だけです。笑われますので、皆さんは使わないでくださいね）。

この「定率法のウサギさん問題」を解決するために、実務の計算ルールでは、途中から「カメさん」にすることが認められてい

実務で採用されている定率法（補正あり）の減価償却費と簿価のイメージ（単位：万円）

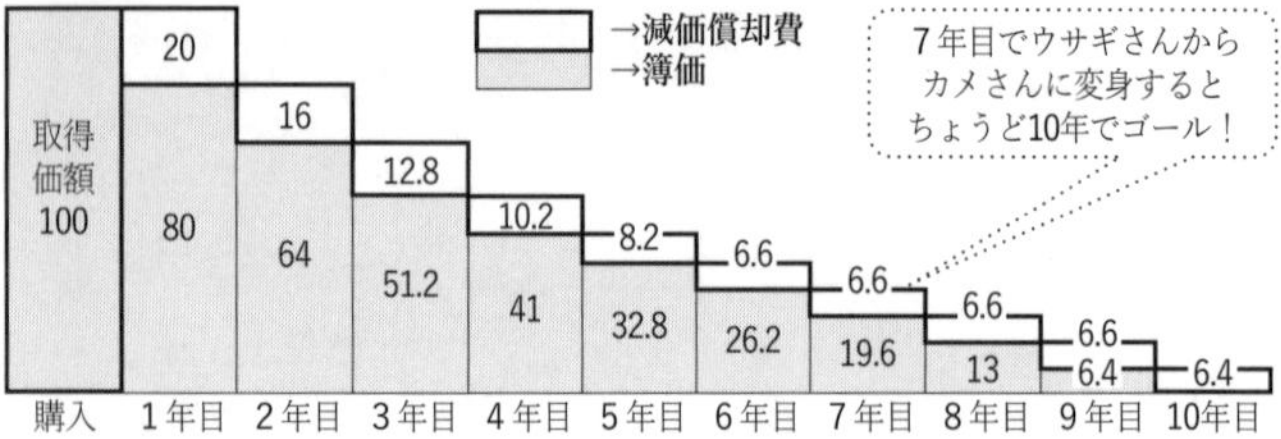

→減価償却費
→簿価
7年目でウサギさんから
カメさんに変身すると
ちょうど10年でゴール！
取得価額100
20
80
16
64
12.8
51.2
10.2
41
8.2
32.8
6.6
26.2
6.6
19.6
6.6
13
6.6
6.4
6.4
購入
1年目
2年目
3年目
4年目
5年目
6年目
7年目
8年目
9年目
10年目

ます（法人税法で決まっています）。「ウサギさん」が途中から「カメさん」に変身するのです。この変身が認められるのはなぜか？「10年しか使えないものは、やっぱり10年で価値がなくならないと気持ち悪いよね」というのが理由です。

耐用年数10年の場合には、7年目に「カメさん」に変身して、毎年6・6万円ずつ定額法で減価償却をすることになります。そうすると、ちょうど10年目に固定資産がゼロになって、見事ゴールすることができるのです！

いかがでしょうか？上の表を眺めると何となく意味がわかりますか？定率法については、細かいことを全部覚える必要はないのですが、こんなような方法なんだ、ということを知っておいていただければと思います。

（問１）有形固定資産の変化のＰ／Ｌへの影響を教えてください。（単位：万円）

	前期	当期	比	コメント
有形固定資産	1500	1450	△ 50	前期末 1000 の建物を取得
減価償却費	20	50	＋ 30	減価償却費が当期から増加

有形固定資産の変化のＰ／Ｌへの影響を説明するクイズに挑戦！

ここでは有形固定資産の変化が、Ｐ／Ｌにどう影響するかを説明するクイズを出します。基本的には有形固定資産のうち、建物のような減価償却をする資産が増えれば、増えた後の期間の減価償却費は増えることになりますね。また、建物のような減価償却をする固定資産を売却するなどすれば、それ以降の減価償却費は減ることになります。

問1　有形固定資産の変化がＰ／Ｌに与える影響を教えてください。

このケースでは、コメント欄に前期末１０００万円の建物を取得、とありますね。前期末の取得ですから、前期は減価償却は始まっていません。減価償却が始まるのは当期からです。

減価償却費を見てみると、確かに前期20万円だった減価償却費が50万円に増えています。だから、答えは次のようになるでしょう。

(答) 有形固定資産が増加したので、減価償却費の負担が増えています。

（問２）有形固定資産の変化のＰ／Ｌへの影響を教えてください。（単位：万円）

	前期	当期	比	コメント
有形固定資産	2000	900	△ 1100	当期首に簿価 1000 の建物を売却
減価償却費	200	100	△ 100	減価償却費は減少
固定資産売却益	-	200	＋ 200	簿価 1000 の建物を 1200 で売却

問２　有形固定資産の変化がＰ／Ｌに与える影響を教えてください。

コメント欄を見ると、当期首に簿価１０００万円の建物を売却した、とあります。つまり、この建物に関しては、前期は減価償却をしていますが、当期は計上していないはずです。

確かに減価償却費は前期の２００万円から当期は１００万円と減少していますね。Ｐ／Ｌへの影響という意味では、まずは建物の売却により、減価償却費が減少した、ということが言えます。

Ｐ／Ｌへの影響はそれだけではありません。一番下に固定資産売却益があります。当期は２００万円計上されています。簿価１０００万円の建物が１２００万円で売却できたので２００万円の売却益が計上されたのです。これはＰ／Ｌの特別利益となります。

従って、Ｐ／Ｌへの影響という意味では、減価償却費の減少と、固定資産売却益の計上という2点を指摘できればいいのです。

（答）有形固定資産の売却により、固定資産売却益が計上されるとともに、減価償却費の負担が減少しています。

「重要性の原則」は重要な原則です

この章の最後に、「重要性の原則」という考え方を紹介しておきましょう。重要性の原則とは「重要性の乏しいものには簡便な処理や表示を認める」というものです。あまり細かいことにこだわりすぎても時間ばかりかかってしまうので、決算書を利用する者の判断を誤らせない程度にしっかりやりましょう、ということです。

固定資産についても、あまりに少額のものまで、いちいちＢ／Ｓにのせて、毎年、減価償却費を計算するのは結構な手間です。そこで、少額の固定資産については購入した時に費用にしてしまう簡便な処理が認められています。法人税法に具体的な定めがあり、10万～30万円の固定資産（会社の規模によって変わります）については一時の費用（損金）にできるとされています。実務上は、パソコンなどは、重要性の原則により、費用として処理されていることも多くあります。

重要性の原則は、固定資産に限らず、会計処理全般に適用されます。例えば、消耗品として文房具を買ったとします。仮にまだ会社で使っていたとしても、いちいちＢ／Ｓにのせていたらキリがありません。こういうものも実務では費用にしてしまうことが多いです。

3月決算の会社で、1月から12月までの1年分の会費6000円を事前に支払った、というようなケースもよくあります。厳密なことを言えば、4月から12月までの9ヵ月分は前払いになりますので、前払費用として4500円を流動資産に計上する必要があります。でも、実務では、金額もそれほど大きくないし全額費用としてしまおう、という判断をすることはよくあることです。これも重要性の原則の例です。重要性の原則は、会計の実務を効率的に行うという観点から、とても重要な原則なのです。

ただ、この重要性の原則について時々誤解がありますので注意してください。例えば、現金が5万円あるはずなのに、実際には4万円しかない、といったようなケースです。重要性の原則によりB／Sは5万円のままでよいですか、と言う人がいますが、それは絶対にダメです。現金や預金はそもそも質的にとても重要な項目です。金額の大小以前の問題で、ズレがあることは許されません。

こういう場合には、まず、なぜ1万円合わないのか、徹底的に調べる必要があります。誰かがネコババしてしまった可能性だってあります。そうしたら、会計の話どころではなく、犯罪になってしまいます。どうしてもわからなければ、最終的には実際の額の4万円に合わせるしかありません。現金・預金は絶対にB／Sの額と実際の額とを合わせなければいけけない、ということはぜひ、頭に入れておいてください。

この章では固定資産と減価償却の関係について説明してきました。皆さん、B／Sについても何となくわかってきましたか？ この調子で頑張ってまいりましょう。以上で第5章を終わりたいと思います。

第6章

B／Sを理解する魔法のフレーズ・その3

貸引が増加したのは、将来に備え、売掛に対して十分な積み増しをしたためです！

魔法のフレーズ 6
貸引《かしびき》が増加したのは、将来に備え、売掛《うりかけ》に対して十分な積み増しをしたためです！

【月曜日朝の経理課～第二週～】

前田課長　萌美《もえみ》さん、おはよう。今日も元気そうだね。週末は何かしたの？

萌美さん　はい、昨日は地元の防災訓練に参加したんです。わたし、消防団をやっていて。

前田課長　消防団？　萌美さんはホントに偉いね。ボクなんか昨日も家で寝ていて、嫁さんにゴミ扱いされてたんだよ。お腹すいた、って言ったら、これでも食べて、って渡されたのが、賞味期限切れ寸前の乾パン。おいしかったけどね。それにしても、最近は災害が多いから気を付けないといけないね。

萌美さん　ホントにそうですね。乾パンも大事な備えですよ。課長の奥様、乾パンの賞味期限を気にしてちゃんと買い換えるなんて、しっかりされてます。やっぱり日頃から災害に備えておくことが大事ですからね。「備えあれば憂いなし」って言いま

（萌美さん作成資料）貸引の明細（単位：万円）

	前期	当期	比	コメント
売掛	200	220	＋20	売掛は微増
貸引	5	25	＋20	将来に備えて積み増し
貸引繰入	0	20	＋20	

すから。

前田課長　「備えあれば憂いなし」か。ホントにその通りだね。そうそう「備え」で思い出した。先週、部長がね、我が社も色んな事態に備えておかなければならない、と言い出してね。B／Sに「貸引《かしびき》」ってあるでしょ。それが増えていると言うんだよね。萌美さん、貸引が増えている理由、わかる？

萌美さん　はい、課長。お答えしますね。こちらの資料を見てください。**貸引が増加したのは、将来に備え、売掛《うりかけ》に対して十分な積み増しをしたためです！**

前田課長　おー、萌美さん、ありがとうごじゃいます。なるほど、貸引は乾パンみたいに将来に備えておくものなんだな。**貸引が増加したのは、将来に備え、売掛に対して十分な積み増しをしたためです**、なのね。萌美さん、すごい。仕事、できるっ!!

引当金《ひきあてきん》は将来に備えるもの

会計を勉強する時に避けて通れないものが引当金です。引当金は基本的にはB／Sの右側、負債の部に計上されるものです。負債の部に計上されるものの代表格は、借入金や買掛金、未払金などですが、引当金はこれらと少し性質が違います。

どう性質が違うかと言うと、借入金や買掛金、未払金は、将来絶対に支払わなければならないものです。これは義務です。法律用語だと「債務」と言います。借入金があるのに「状況が変わったからおカネを返さなくて済んだ、ラッキー」というようなことはないですよね。借り入れをしたなら、おカネを返すのは義務です。

でも、引当金はそういうものではありません。何も負担しないで済むこともあります。でも、どうも何か負担することになりそうで、その可能性が高い場合に、将来に備えて負債として計上するものです。

一番有名な引当金は貸倒《かしだおれ》引当金《ひきあてきん》です。略して「貸引《かしびき》」と言う人も多いので、ここでは貸引で行きましょう。貸引は将来の貸倒《かしだお》れに備えるものです。

売掛などは相手が倒産したりして回収不能になってしまうこともあります。これを「貸倒れ」と言います。普通は相手の状況も見ながら売っているでしょうから、しょっちゅう起こることではないと思いますが、200万円売れば5万円くらいは回収不能になりそうだとします。2・5％の確率で戻ってこない、という状況です。

ここで問題です。この場合にB／Sの売掛200万円の資産としての価値はいくらでしょうか？　200万円の価値があるでしょうか。答えはNo！　です。この売掛は明らかに200万円の価値はありません。なぜなら2・5％＝5万円くらいは戻ってこなさそうだからです。

つまり、200万円から5万円くらい値引きした195万円くらいが資産としての価値になります。まさにこの5万円が貸引です。これがカエル商事の萌美さんの資料の前期の状況ですね。

でも、貸引は、このように率で計算するケースばかりではありません。個別の会社への売掛に対して直接、引き当てをすることもあります。仮に販売先であるファイヤーカー社への売掛が20万円あったとします。ファイヤーカー社は何度も支払いが滞っており、明らかに資金繰りは火の車です。恐らく、全額返ってきそうにない。そんな時は、将来の損失に備えて20万円の貸引を計上することになるでしょう。これが萌美さんの資料の当期の状況です。

萌美さんは魔法のフレーズで「貸引が増加したのは、将来に備え、売掛に対して十分な積み増しをしたためです」と説明しています。うん、とてもスマートな説明ですね。

ちなみに引当金は基本的にはB／Sの負債の部に計上すると書きましたが、貸引だけは例外で、資産の部の中でマイナスする形で表示します。

B／Sで貸引を計上するためには、P／Lの方では費用を計上します。貸引を計上する時に使うP／Lの科目は「貸倒《かしだおれ》引当金《ひきあてきん》繰入《くりいれ》額《がく》」です。そのまんまですね。略す場合もそのまんま「貸引《かしびき》繰入《くりいれ》」。通常は販管費として計上します。販管費ですから、その金額だけ営業利益が減ることになります。

会計の世界では、なるべく早めに費用を計上し、なるべく利益を小さめにするのが望ましいものと考えられています。これを専門用語で「保守主義の原則」と言ったりします。将来費用が発生しそうだな、と考えれば、早めに引き当てをするのが会計の世界の常識です。

ポイント　将来に備えて早めに費用にする。それが引当金だ！

（問１）貸引が増加した理由を教えてください。（単位：万円）

	前期	当期	比	コメント
売掛	200	210	＋10	売掛は微増
貸引	2	12	＋10	将来に備えて積み増し
貸引繰入	0	10	＋10	

貸引の増減を説明するクイズに挑戦！

ここでは貸引の増減を説明してみましょう。貸引には、たとえば売掛に率を掛けて計上するものと、個別の相手先の売掛に対して計上するものとがありました。コメント欄に注目して考えてみましょう。

問１　貸引が増加した理由を教えてください。

このケースでは、貸引が前期の２万円から当期の12万円へと、10万円増加しています。コメント欄を見ますと「将来に備えて積み増し」と書いてあります。先ほどのファイヤーカー社に対する引き当てと同じように、何らかの理由で売掛に対して貸引を積み増したわけです。

Ｐ／Ｌ科目である貸引繰入にはその10万円が計上されています。その分、営業利益が小さくなるということです。実際にはまだ貸倒れていないのに、Ｐ／Ｌには費用が計上されることになります。

（答）貸引が増加したのは、将来に備え、売掛に対して十分な積み増しをしたためです。

（問２）貸引が減少した理由を教えてください。（単位：万円）

	前期	当期	比	コメント
売掛	210	200	△10	売掛は微減
貸引	12	2	△10	引き当てた売掛が貸倒れ
貸引繰入	10	0	△10	

問2　貸引が減少した理由を教えてください。

このケースでは貸引が、12万円から2万円に減少しています。コメント欄には「引き当てた売掛が貸倒れ」と書いてあります。

実はこの問題、前期の数字は問1の当期と全く同じです。ですから、問2は問1の翌年の状況だと思っていただければと思います。前期に引き当てた10万円の貸引の対象となった売掛が、当期実際に貸倒れたわけです。

P／L科目である貸引繰入の動きも合わせて見てください。貸引を積み増した前期は貸引繰入が10万円ありましたが、当期の貸引繰入はゼロです。実際に貸倒れた年に費用が出ていないということです。なぜなら費用は前もって前期に計上されているからです。このように早めに費用計上をするのが会計の「保守主義の原則」であることも合わせて確認しておいてください。

（答）貸引が減少したのは、引き当てた売掛が実際に貸倒れたためです。

色々な引当金〜賞与と退職金に引き当てる

さて、この章の最後に、貸引以外の引当金について説明します。将来に備える引当金は、貸引だけではありません。他によく出てくるものは、賞与《しょうよ》引当金《ひきあてきん》と退職《たいしょく》給付《きゅうふ》引当金《ひきあてきん》だと思います。第4章の88ページで見たカエル商事のB/Sでは賞与引当金が20万円、退職給付引当金が１２０万円計上されていました。

「賞与」はボーナスのことです。賞与の支払いに備えるのが「賞与引当金」です。略して「賞引《しょうびき》」です。もちろんボーナスの制度がない会社もありますし、ボーナスを支払う契約になっていないこともあると思いますが、会社が従業員にボーナスを支払うことを契約や労働協約等で定めている場合には、支払うことになる可能性が高いわけです。

日本の会社の場合には、ボーナスの支払いは6〜7月頃と12月頃の年2回であるケースが多いです。たとえば3月末が決算日の会社の場合には、決算日時点では最後にボーナスを支払ってから3ヵ月くらい経っています。ですから、まだ支払い義務はなくても、1月から3月までに対応する分を見積もって、B/Sの流動負債に「賞引」として計上しておきましょう、というのが会計の実務になっています。P/Lの方は賞与引当金繰入額という科目を使

3月決算会社の賞引の例（単位：万円）

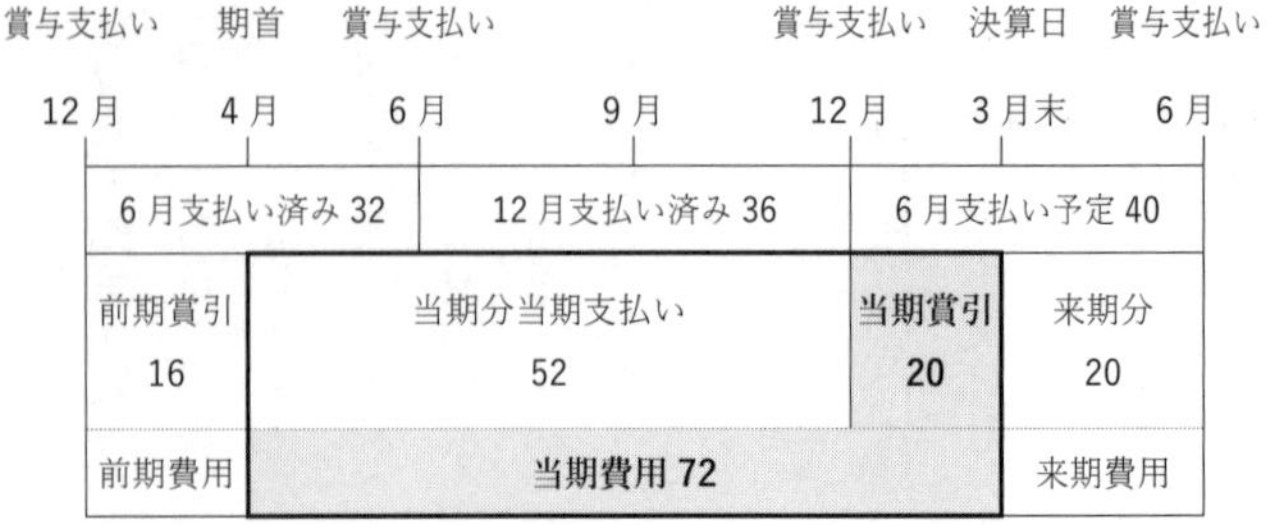

います。上がそのイメージ図です。

同じ、従業員の給与に関するものでも、退職金の支給に備えるのが退職給付引当金です。こちらは「退引《たいびき》」とか「退給《たいきゅう》」とか呼ばれます。大企業は退職金制度がある会社が多いでしょう。正社員で定年まで勤めあげると結構な額になると思います。ですから、会社を経営する側から見てみると、退職金の支払いは、それなりに重要なテーマです。

経営者の立場からすれば、急に退職者が出て、ごめんね、おカネがなくて払えないんです、なんて言えません（実際には、たまにあって、大問題になります）。そういうことが起こらないように、B／S上で、しっかり引き当てておきましょう、という考え方が退職給付会計です。

この引き当てた額はB／Sの固定負債に「退職給付引当金」という科目で計上されます。P／Lでは「退《たい》職《しょく》給《きゅう》付《ふ》費《ひ》用《よう》」（略して「退給費用」）という科目を使って表示します。

ある従業員に対する退引（単位：万円）

退職金制度にも色々あり、退職給付引当金は複雑な計算をしないと金額が出てきません。ただ、本当にざっくりとイメージをつかんでいただくために上に例をあげます。たとえば、ある従業員が今、会社を辞めると会社は40万円の退職金を支払わなければならないとすれば、会社がその従業員に対して計上しなければならない退引は40万円ということになります。

会社に同じような状況の人が３人いれば、１２０万円の退引を計上することになります。カエル商事も退引を１２０万円計上しています。

本当にざっくり退引のイメージを持つために、思いっきりシンプルに説明させていただきましたが、皆さんは、だいたいのイメージを持っていただければよいと思います。

買掛金・未払金・引当金は何が違う

Ｂ／Ｓの負債に計上される項目のうち、買掛金・未払金・引当金の3つは少し紛らわしいと思います。これらをしっかり区別できる人はあまりいないかもしれません。少し、整理をしておきましょう。

・買掛金……本業の仕入れから生じた債務（支払い義務あり）
・未払金……本業以外の取引の支払いに関する債務（支払い義務あり）
・引当金……将来の費用または損失に備えて計上する負債（支払い義務なし）

買掛金は本業の取引から生じる債務ですから、他の二つとは違います。未払金と引当金はどちらなのか判断に迷うことがあるでしょう。判断基準は支払い義務が法的にあるかどうかです。支払い義務があれば未払金、なければ引当金になります。

なお、未払金と似たようなものに未払費用というものもあります。この二つの区別は微妙です。一応、家賃とか光熱費とかそういう継続的な取引の未払いは未払費用になり、たとえば、固定資産を買ったけどまだ支払っていないとかそういう継続的ではないものについては未払金になるとされていますが、実務的にはこの二つの区別はかなり曖昧になっていると思います。

それから、カエル商事のB／Sには未《み》払《ばらい》法人《ほうじん》税等《ぜいとう》という科目がのっていました。だいたいどの会社のB／Sにものってくる科目です。これは当期のP／Lなどから計算した法人税等のうち、まだ支払っていないものです。法人税等については第10章で説明しますので、ここでは、そういうものがあるのだな、と思っていただければ大丈夫です。

ポイント　支払い義務があるのが買掛金と未払金、支払い義務がないのが引当金

さあ、これで第6章も終わりです。B／Sの資産と負債の主だった項目の説明はしたかと思います。もちろん、すべての論点を説明することはできないのですが、これらの話はすべて、第1章の最後で述べた「対応原則」、すなわち「費用と収益を対応させるために現金収支を各期に適切に配分」することが前提になっています。

減価償却の場合には、固定資産の取得の際にすでに支出しているけれども、効果が及ぶ期間に費用を配分しています。引当金の場合には逆に、まだ支出していないけれども、将来の支出に備えて、各期に費用を配分しています。最後に見た未払金や未払費用も同様に費用を適切な期間に配分するために計上されるものです。あらためて、その点についても確認していただけたらと思います。

第７章

Ｂ／Ｓを理解する魔法のフレーズ・その４

純資産が増加したのは、
利益が順調で配当も抑えているためです！

魔法のフレーズ 7

純資産《じゅんしさん》が増加したのは、利益が順調で配当《はいとう》も抑えているためです！

【火曜日朝の経理課〜第二週〜】

前田課長　おはよう！　萌美《もえみ》さん。いつも元気いっぱいだね。昨日もヨガに行ったの？

萌美さん　課長、おはようございます。月曜はヨガなんですが、実は昨日はほかにヨーガできてしまいまして。

前田課長　萌美さん、ボクのダジャレ病がうつっちゃったのかな。で、どんなヨーガできたの？

萌美さん　実は、たまたま大型のネプチューンオオカブトを譲《ゆず》ってくれる人がいて、いただきに行ってきたんです。

前田課長　萌美さん、ホントにカブトムシ好きなんだね。一体、今、何匹飼ってるの？

萌美さん　毎年10匹くらいずつ順調に増えていまして、今は54匹になりました。

（萌美さん作成資料）純資産の動き（単位：万円）

	前期末	利益増加	配当	当期末	コメント
資本金	100	-	-	100	
資本剰余金	20	-	-	20	
利益剰余金	230	70	△ 20	280	⇒利益は計上、配当は抑えた
純資産合計	**350**	**70**	**△ 20**	**400**	**⇒純資産が増加**

前田課長　54匹!?　すごいねえ。順調に増えてきたんだね。あ、そうそう、そう言えば、昨日はホントにありがとう。部長も大満足だったよ。でもどうやら部長の興味は今度はB／Sの「純資産」っていうのに移っちゃったみたいなんだよね。「純資産」が厚くなってきているな、理由はわかるか？　って言うんだよ。ボクはさっぱり意味がわからなくてね。萌美さん、理由、わかる？

萌美さん　はい、もちろんです。こちらの資料を見てください。**純資産が増加したのは、利益が順調で配当も抑えているためです！**

前田課長　おー、萌美さん、ありがとうございます。我が社の利益も萌美さんのカブトムシみたいに順調に増えているってことか。**純資産が増加したのは、利益が順調で配当も抑えているためです**、なのね。萌美さん、すごい。仕事、できるっ!!

純資産はネットの資産のこと

本章では、B／S《ビーエス》の右下にある「純資産」のお話をします。第4章、88ページのB／Sをあらためて見てください。純資産の概念は、皆さん、とても理解がしにくいようです。第4章でもさらっと説明しましたが、純資産とは「資産と負債の差額」のこと、つまり「正味の資産」のことです。

この「純」という言葉が、皆さん、わかりづらいようです。英語で言うとNet（ネット）です。純資産はNet Asset（ネット・アセット）。日本語でも「ネットする」みたいな言い方をすることがありますが、この場合は「相殺する」という意味です。「純資産」も同じで、負債と相殺した後のネットの資産のことを「純資産」と呼ぶのです。

個人の場合でも、こういう発想の話ってありませんか。「金田部長って世田谷に一戸建て持ってるんだって。資産家だよね」「いやいや、案外そうでもないらしいよ。金田部長は、家を全部、住宅ローンで買ってるから、実際に使えるネットの資産はほとんどないんだって」みたいな会話です。そう、まさにこの「ネットの資産」に相当するものが「純資産」です。

カエル商事のB／Sのイメージ（単位：万円）

カエル商事　B／S	
資産　1600	負債　1200
	純資産　400

まずは、我がカエル商事のB／Sのイメージを書いておきましょう。

このB／Sを、じーっと見ていて、気づくことはありませんか？まず、純資産が４００万円ある。少なくとも純資産はプラスです。純資産がプラスということは、資産の方が負債よりも大きいということです。純資産の定義は「資産－負債」ですから、当然そういうことになります。

それから、負債は純資産より多い。純資産の３倍です。果たして、カエル商事は負債が多すぎる会社でしょうか？　それとも負債を抑えている健全経営の会社でしょうか？　このあたりの判断は、もちろん業種にもよりますし、資産、負債の中身にもよります。ただ、一般的には負債を抑えた健全経営と言えるでしょう。ひとまず安心かな、というところではないでしょうか。

もしあなたが銀行員だったとしたらおカネを貸せますか？　もちろん実際におカネを貸すかどうかをB／Sだけで決めることはない

厚木工業と薄井企画のB／Sのイメージ（単位：万円）

厚木工業　B／S	
資産 1600	負債 400
	純資産 1200

薄井企画　B／S	
資産 1600	負債 1400
	純資産 200

でしょうが、B／Sは銀行員がおカネを貸す判断をする際に、最も重視する書類です。このB／Sであれば、カエル商事におカネを貸すことは十分検討できそうです。

世の中には、ほぼ無借金経営で純資産が分厚い会社もありますが、逆に負債が多くて純資産が薄い会社もあります。純資産の厚い厚木工業と、純資産の薄い薄井企画のB／S（上）を見てください。どちらにおカネを貸したいと思うでしょうか？　仮にB／Sだけでおカネを貸す判断をしなければならないとしたら、どうしますか？

もう、これは絶対に厚木工業の方に貸したいです。純資産がとても厚いということは、負債が少なくて資産がとても多いわけですから、どんなことがあっても、何とかしておカネは返してくれるだろうな、と考えるからです。

薄井企画の場合には、このB／Sだけを見ておカネを貸せるかどうかはわかりません。純資産が薄いということは資産が負債とあまり変わらないわけです。ちょっと資産の中身を見てみて、この資産に本当に価値があるのかな、と想像しつつ、Ｐ／Ｌも見ながら今後伸びていきそうかな、とかそういう要素も含めて色んな検討をしないと、なかなかおカネを貸します、と二つ返事はできないと思います。

純資産が増える要因は？

それでは、萌美さんの魔法のフレーズに行きましょう。「純資産が増加したのは、利益が順調で配当も抑えているためです」でした。

このフレーズ、奥が深いんです。「純資産が増加した」という話はＢ／Ｓの話です。でも、利益ってＰ／Ｌの話ではなかったっけ？　それから配当って一体なんだ？　そんな疑問を持つかもしれません。もし皆さんがそんな疑問を持ったのであれば、はっきり言って、するどいです!!

なぜか？　あなたは、Ｂ／ＳとＰ／Ｌとが、関係していることに気づいたからなんです。実はＢ／ＳはＰ／Ｌと無関係に存在するわけではありません。Ｐ／Ｌが太陽ならＢ／Ｓは月。Ｐ／Ｌが妻ならＢ／Ｓは夫。Ｐ／ＬがカレーならＢ／Ｓは福神漬け。どちらが欠けてもダメで、両者は相互依存関係にある、切っても切れないものなのです。

今回の魔法のフレーズで考えなければいけないのは、純資産はどんな理由で増えたり減ったりするのか、ということです。さっきの厚木工業と薄井企画の例で見た通り、一般的には純資産が厚い方が、銀行も安心しておカネを貸せる、信用度が高い会社ということになります。じゃあ、どうやったら純資産を増やすことができるのでしょう？

こういう質問をすると、こんな答えが返ってくることがあります。「資産が増えればいいのではないでしょうか？」。うーん、これは、ある意味正しいですが、会計的にはもう一歩踏み込みたいところです。純資産は「資産－負債」だと説明しました。これは定義です。ですから、資産が増えれば純資産は増えます。負債が減っても純資産は増えます。その通りです。ただ、問題はどうやって純資産を増やすのか。急に手品のように資産が増えたり負債が減ったりすることはありません。

先ほど、金田部長は一戸建てを住宅ローンで買っているから「ネットの資産」はあまりない、という話がありましたね。じゃあ金田部長は「ネットの資産」をどうやって増やしたらいいですか？　そうです、金田部長は会社からお給料をもらっているでしょう。このお給料を貯めていけば、正味の資産はどんどん増えていきます。

お給料を貯めれば現金や預金が増えていきますので、資産が増えていきます。もちろん、ある程度貯まったら住宅ローンを繰り上げ返済してもいいですよね。そうすると負債がさらに減る。確かに、資産が増えたり、負債が減ったりすれば、純資産は増えるのです。ただ、資産が増えたり、負債が減ったりした、その元は何かと言うと、お給料を貯めたことですね。金田部長がお給料を貯めた、ということを、会社に置き換えて考えてみると、利益が出たということにほかなりません。

利益と言っても、色々ありました。粗利からはじまり、営業利益、経常、税前、そして最終利益とありました。純資産を増やすのはどの利益でしょうか？　正解は最終利益です。もしかしたら税前と迷うかもしれませんが、税前は法人税等を引く前の利益です。法人税等は国などの取り分であり、会社の取り分ではありませんので、法人税等を支払った後の利益＝最終利益分だけ会社の純資産が増えることになります。

何だか言われてみれば当たり前のような話ですよね。最終的なもうけ、つまり最終利益が1万円であれば純資産は1万円増加する。逆に最終赤字が1万円であれば純資産は1万円減ります。

ポイント　最終利益は純資産を増やし、最終赤字は純資産を減らす！

資本取引を理解する〜会社は誰のものか

純資産が増えたり減ったりする理由は、最終利益（最終赤字）以外にもう一つあります。恐らく会計を学ぶ人が一番、訳がわからなくなるところです。キーワードは「資本取引」です。これがとってもわかりにくいと思うのですが、とっても大事。

資本取引の説明をする前に、どうしても理解していただかなければならないことがあります。それは「会社は誰のものか」という問題です。あなたがもし、みんなから「いい人」だと思われたいのであれば「会社は社会全体のものだ！」であるとか「会社は従業員のものだ！」とか言った方がいいかもしれません。何となくそう言った方が、いい人そうに感じますよね。

でも、あなたがもし、みんなから「できる人」と思われたいのであれば、その答えは絶対にダメです。正解は「会社は株主のもの」です。絶対に「会社は株主のもの」と答えないといけないのです。なぜか？　法律にそう書いてあるからです。会社法という法律は「会社は株主のもの」という前提で成り立っているのです。法律がそうなっているのだから、どんなに「冷たい人」と思われようが、「会社は株主のもの」なのです。

カエル商事の設立時B／S（単位：万円）

カエル商事　B／S（設立時）			
【資産】	100	【負債】	0
現預金	100	【純資産】	100
		資本金	100

株式会社をつくる時、一番最初に何をするかと言うと、自分が株主になるぞ！　と思っている人が、おカネを用意します。昔は１０００万円以上ないと株式会社は設立できなかったのですが、最近では50万円とか１００万円とかで株式会社を設立するケースも増えてきました。このおカネが会社にとっての最初の元手になります。この元手のことを専門用語で「資本金」と言います。

資本取引を理解するには、会社をゼロから設立する例を考えてみるとよいでしょう。ここでは少しタイムスリップして、カエル商事が設立された5年前に戻ることにします。あなたはカエル商事の創業者です。あなたは１００万円を払って、資本金１００万円でカエル商事を設立したとしましょう。この段階でのB／Sを作成すると上のようになります。

あなたの支払った１００万円のおカネは、すでに会社の預金口座に入っています。会社の資産は１００万円です。でも、あなたは１００万円のおカネを、さあどうぞ、と言って会社に寄付してしまったのでしたっけ？　違いますよね。あなたは100万円支払ってカエル商事の株主になったのです。このようにおカネを会社に支払って株主になることを「出資する」と言います。実際に会社の経営をするのはあなた自身かもしれませんし、誰か経営者を雇って経営をしてもらうのかもしれません。でも、いずれにしても、会社の所有者はあなたです。

会社としては、この100万円をあなたに返す必要はありません。出資とはそういうものです。ですから、負債ではありません。B／Sでは純資産の部に「資本金」としてのせることになります。まさにこれが「資本取引」の典型例です。B／Sの左側には現預金、右側には資本金。会社ができたての時のB／Sです。

会社はこの100万円の元手を使って、事務所を開設したり、人を雇ったり、商品を仕入れたりします。もしかしたら、最初から大きな事業が見込まれるのであれば、100万円ではおカネは足りず、銀行から借り入れをするかもしれません。

1年経ちました。1年経ったのですから、P／Lができるはずですね。本当に単純にするために、あなた自身が無給で働いたとして、売上が300万円、原価が250万円だったとしましょう。販管費も営業外損益も特別損益もなしという前提で税前は50万円だったとします。法人税だけは15万円支払ったとして、最終利益は35万円になります。

カエル商事の第１期Ｂ／ＳとＰ／Ｌ（単位：万円）

カエル商事　Ｂ／Ｓ（第１期）			
【資産】	**135**	**【負債】**	**0**
現預金	135	**【純資産】**	**135**
		資本金	100
		利益剰余金	35

カエル商事　Ｐ／Ｌ（第１期）	
売上高	300
売上原価	250
粗利	**50**
（略）	（略）
税前	**50**
法人税等	15
最終利益	**35**

　では、この時のＢ／Ｓはどうなっているでしょうか？　売上と原価の支払いがすべて済んでいるとすれば、本業ではおカネが50万円増えたはずです。法人税等については後で支払うのが普通ですが、わかりやすくするために、事前に税務署に15万円を支払ってしまったとしましょう。そうすると、おカネは最終利益の35万円分増加しているはずですね。もともと１００万円だった現預金は１３５万円になっているはずです。Ｂ／Ｓの資産は現預金１３５万円になります。

　一方、Ｂ／Ｓの純資産はどうなっているでしょうか？　負債は増えていませんので、必ず純資産が増えることになります。純資産の定義が「資産－負債」なのですから当然ですね。

　返す必要のないネットの資産が増えているわけで

すから、純資産が35万円増えるということは感覚的にもおわかりになるかと思います。さて、このように最終利益を獲得することによって増えた純資産のことを「利益剰余金《りえきじょうよきん》」と言います。専門用語ですが、利益によって、「剰余」、つまり少し余裕ができました。もうけて余裕ができたから「利益剰余金」です。これらの取引は資本取引とはしっかり区別をし、「損益取引」と呼びます。

資本取引と損益取引を区別せよ

カエル商事のB／S（第1期）では、資本金が100万円、利益剰余金は35万円となっていますね。資本金も利益剰余金も純資産の一部になりますが、この二つの意味は全く違います。資本金の100万円はあなた自身が出資した額です。一方、35万円は会社がもうけたもの。B／Sの純資産においては、株主が出資したものと会社がもうけたものの二つをはっきりと区別することになっています。前者が「資本取引」、後者が「損益取引」です。

ここは、専門家がこだわるところです。かたい言葉で「資本と利益の区別」と言います。B／Sを見ると、純資産は、資本金と資本剰余金《しほんじょうよきん》と利益剰余金の3つに大きく分けられるのですが、このうち資本金と資本剰余金の二つは株主が払った「資本」、利益剰余金が、会社がもうけた「利益」により増えた純資産です。

ここらへんが、だいたい会計の中でも一番わかりにくいところではないかと思います。一度このへんでポイントをまとめておきましょう。

ポイント　純資産が増える理由は二つある：①株主が出資する（資本）②会社がもうける（利益）

さて、あなたが出資した100万円ですが、このまま払いっぱなしになるのでしょうか？　そんなことはありません。そもそも、あなたはこの会社の株主です。この会社は、あなたのものなのです。もし、会社がもうけたのであれば、自分にも分け前をよこせ、と言う権利があります。この分け前のことを「配当」と言います。配当を受け取るのは、株主にとっての最大の権利です。

会社は、あなたが出資した100万円を元手に商売をして、35万円のもうけになりました。このもうけは誰のものでしょうか？　もちろん、会社のものです。でも会社はあなたのものなのですから、最終的にはあなたが、35万円の配当をよこせ、と言えば、会社は配当しなければなりません。一方で、あなたは株主ですから、配当しなくてもいいよ、と言うこともできます。もっと、事業を拡大してほしいから、このもうけを会社で使ってよ、という判断をすることもできるのです。

萌美さんの作成資料をもう一度、見てみましょう。設立から5年の月日が経ちました。カエル商事は成長し、利益を順調に出し続け、当期も最終利益を70万円計上しています。さらに、萌美さんの説明では「配当も抑えている」と言っています。会社としては、あなたに対して「このぐらいでご勘弁を」と言って、20万円の配当支払いで許してもらっているようなイメージですね。結果として、利益剰余金が50万円増え、280万円にまでなりました。設立時に100万円だった純資産も増加し400万円になっています。

さあ、ここまで来れば、萌美さんの魔法のフレーズ「純資産が増加したのは、利益が順調で配当も抑えているためです！」の意味がわかるのではないでしょうか？

（問１）純資産が増加した理由を教えてください。（単位：万円）

	前期末	利益増加	配当	当期末	コメント
資本金	500	-	-	500	
資本剰余金	300	-	-	300	
利益剰余金	200	50	△ 10	240	⇒利益は計上、配当は抑えた
純資産合計	**1000**	**50**	**△ 10**	**1040**	⇒純資産が増加

純資産の増減を説明するクイズに挑戦！

ここでは純資産の増減の説明に挑戦しましょう。純資産が増減する理由は二つ、資本取引と損益取引でした。資本取引の代表例である増資はしょっちゅうあるものではないので、資本金や資本剰余金はあまり動くことはありません。

問1　純資産が増加した理由を教えてください。

このケースでは、資本金と資本剰余金は変化がありません。動いているのは利益剰余金だけです。

利益剰余金は200万円から240万円に増加していますが、その内訳を見ると、まずは利益による増加が50万円です。そして、株主への配当は10万円に抑えています。結果として純資産は40万円増加しているわけです。答えは次のようになるでしょう。

（答）純資産が増加したのは、利益が順調で配当も抑えているためです。

（問２）純資産が減少した理由を教えてください。（単位：万円）

	前期末	利益増加	配当	当期末	コメント
資本金	500	-	-	500	
資本剰余金	300	-	-	300	
利益剰余金	200	△ 50	-	150	⇒損失が発生、配当なし
純資産合計	**1000**	**△ 50**	-	**950**	**⇒純資産が減少**

問２　純資産が減少した理由を教えてください。

このケースも、資本金と資本剰余金には変化がありません。変化があるのは利益剰余金だけです。

利益剰余金は２００万円から１５０万円に減少していますが、その内訳を見ると、利益増加が50万円マイナスになっています。つまり50万円の最終損失が発生したということです。損失が出れば利益剰余金が減りますので、純資産は減ることになります。

配当はどうでしょうか？　どうやら当期は配当を見送ったようですね。損失が出ている時に絶対に配当をしてはいけない、ということはありませんが、やはりもうかっていない場合には、あまり気前よく株主に還元するわけにもいかないでしょう。正解は次のようになります。配当についても触れておいたほうがいいでしょうね。

（答）純資産が減少したのは、最終損失が発生したためです。なお、配当は見送られました。

株主資本等変動計算書はB／SとP／Lをつなぐ財務諸表

最後に株主資本等変動計算書《かぶぬししほんとうへんどうけいさんしょ》の話をします。ここまでのクイズで純資産の増減を示す表が出てきましたね。実はこの表を、もう少し詳しくしたものがあります。「株主資本等変動計算書」です。これまた、名前が長いですね。S／S《エスエス》と言ったりする人もいます。Statements of Shareholders' Equityの略です。ここからはS／Sと呼びましょう。

S／Sは、れっきとした財務諸表です。ですので、中小企業であろうが、大企業であろうが、必ず作成しているはずです。S／Sを使って何を分析するかと言うと、読んで字のごとく「株主資本等の変動」を分析します。株主資本等とは「純資産」のことだと思ってください。つまり、純資産の変動を示す表です。実際にはかなり細かい表を書くのですが、少しはしょって、カエル商事の大まかなS／Sの例を次のページに挙げておきます。

どうですか？　基本的には萌美さんの資料と同じ情報ですが、タテヨコが逆になって、各項目を上から見ていくと、どういう風に動いたかがわかるようになっていますね。

B／SやP／Lと比べると、S／Sはあまり分析するところが多くはないのですが、この表は、純資産の変動を示すとともに、P／Lの最終利益とB／Sの利益剰余金の増減の関係

カエル商事の株主資本等変動計算書（S／S）

（令和元年4月1日から令和2年3月31日まで）

カエル商事株式会社　　（単位：万円）

	株主資本				評価・換算差額等	純資産合計
	資本金	資本剰余金	利益剰余金	株主資本合計		
当期首残高	100	20	230	350	―	350
当期変動額						
新株の発行						
剰余金の配当			△20	△20		△20
当期純利益			70	70		70
当期変動額計	―	―	50	50	―	50
当期末残高	100	20	280	400	―	400

を示すという意味で、B／SとP／Lをつなぐものだ、という点に大きな特徴があります。

ポイント　S／Sは、純資産の変動を示し、B／SとP／Lをつなぐもの！

会社におカネがなければどうするか？〜借り入れか増資か

本章の最後にとても大事な論点を説明させてください。それは、会社におカネがなければどうするか、という論点です。

本章で見たようにカエル商事はあなたの100万円を元手にして商売をはじめ、売上・利益を伸ばして純資産を増やしてきました。カエル商事のように会社が成長していれば、おカネもたくさん必要になってきます。そんな会社が、おカネを調達するために採りうる選択肢は二つです。一つは銀行などから借り入れをする。もう一つは新たに出資を募る、つまり「増資」です。

借り入れの場合には、B／Sの負債（短期借入金・長期借入金）が増えることになります。一方、増資の場合には、B／Sの純資産（資本金・資本剰余金）が増えることになります。会社にとっては、銀行から借りるのと、誰かに出資をしてもらうのと、一体何が違うのでしょうか？

最も大きな違いは、おカネを返さなければいけないかどうか、です。銀行からおカネを借りた場合には、おカネを返さなければいけませんね。その際に、利息をつけて返します。でも銀行は、借りたおカネと利息以上によこせ、とは言えません。一方、株主から出資を受けた場合、会社は株主に対しておカネを返す必要はありません。ただ、会社がもうかった時には、株主からは配当をよこせ、と言われます。会社は株主のものですから、これを拒むことはできません。

- 銀行借り入れ……もうからなくても、利息をつけておカネを返さなければならない
- 株主出資（増資）……おカネを返す必要はないが、もうかったら配当を要求される

この違い、わかりますか？　会計を理解する上で、とっても大事なお話ですので、ぜひ覚えておいてください。

さて、ここで問題です。両者の特徴はわかったけれども、具体的に銀行借り入れと株主出資（増資）のどっちにしたらいいの？　という話です。この話はなかなか奥が深いです。さきほど、厚木工業と薄井企画のB／Sを見ましたね。銀行借り入れをすれば薄井企画に近づきますし、株主出資（増資）にすれば厚木工業に近づきます。あなたなら、どちらの会社を目指しますか？

現実には借り入れをする方がハードルは低いことが多いと思います。とりあえず銀行に行けば、銀行員がどのような手続きをしたらいいか、親切に教えてくれるわけですから。増資を引き受けてくれる人や会社を探すのは、そんなに簡単ではありません。また、個人（オーナー）が１００％株式を保有しているオーナー企業であれば、増資によって外部の株主が入ってくると、自分が自由に経営方針を決められなくなるから嫌だ、ということもあるはずです。ですから、まず思い浮かぶ選択肢は借り入れということになるでしょう。

オーナー企業であっても、色々と取引先との関係を強化するために、取引先に増資を引き受けてもらおう、という考えの場合もあります。また、本当は外部株主が入ってくるのは嫌だが、銀行借り入れだと、もうからなかった時におカネが返せなくなって、倒産してしまうリスクがあるので、やむを得ず増資を考えたいというケースもあるでしょう。ベンチャー企業などでは、将来大化けする可能性もあるが、全くダメになる可能性もあるような「ハイリスク・ハイリターン」の事業の場合には、そもそも銀行が相手にしてくれず、増資しか選択肢がない、ということもあります。

実務的な話をすれば、借り入れがいいのか増資がいいのかについては、会社がおかれている状況を踏まえ、最終的には経営者のセンスで決まる、としか言いようがありません。

ちょっと難しい話になりますが、実はこの論点に関する有名な経済理論があります。モジリアーニ・ミラーの定理（ＭＭ定理）と言われているものです。モジリアーニさんもミラーさんもノーベル経済学賞を受賞したアメリカの偉い学者さんです。この二人が唱えた定理なのでＭＭ定理と言います。ＭＭ定理とは平たく言うと「理論的には、銀行借り入れと増資のどちらでおカネを集めたとしても、会社の価値は変わらない」というものです。

えっ？ そうなの？ ホント？ これは驚きの結論です。少なくとも経済学の理論的には、銀行借り入れでも増資でも同じだと言うのです。

でも、この結論には実務家を中心に批判が殺到しました。ＭＭ定理は何かがおかしい、と。そこで様々な議論がなされ、今ではＭＭ定理は修正され、「法人税の影響を考えれば、なるべく銀行借り入れを増やした方がよい」が、「あまりに借り入れが増えると、借入金利が上がり過ぎてしまい、かえって会社の価値は減るので、ある程度の資本（純資産）は必要だ」という、実務的な考え方と整合するものになっています。私もこれが正しいのだろうな、と思っています。

さあ、最後にちょっと欲張って難しい話をしてしまいましたが、以上で純資産についての説明は終わりです。Ｂ／Ｓで一番ややこしい純資産が終わりました。あと一章だけＢ／Ｓの説明をしますが、もうほぼ終わりに近づいてきています。もう少しですので、頑張ってまいりましょう。

第８章

Ｂ／Ｓを理解する魔法のフレーズ・その５

借入金が減少したのは、
利益と減価償却費で返済したためです！

魔法のフレーズ❽ 借入金が減少したのは、利益と減価償却費《げんかしょうきゃくひ》で返済したためです！

【水曜日朝の経理課〜第二週〜】

前田課長 おはよう、萌美《もえみ》さん。今日も笑顔が爽やかだね。

萌美さん 課長、おはようございます！ 今日、これお持ちしました。ずっと借りていた推理小説5冊です。ありがとうございました。

前田課長 あー、「猫八ホームズの声帯模写事件簿」シリーズね。どうだった？ おもしろかったでしょ？

萌美さん はい、とってもおもしろかったです。課長から借りる推理小説は外れがないんですよね。特に猫八ホームズが猫のものまねでアリバイを崩すところとか、ホントにドキドキしました。でも、たくさんお借りしちゃって、すいません。まだ家に15冊残ってて。

（萌美さん作成資料）本業での資金獲得と借入金の動き（単位：万円）

	前期	当期	比	コメント
営業利益	100	80	△20	当期の営業利益は80
減価償却費	10	30	＋20	当期の減価償却費は30
本業での資金獲得（概算）	**110**	**110**	**±0**	**当期の獲得額は110**
借入金（短期＋長期）	770	700	△70	獲得した資金で返済

前田課長　いや、いいんだよ、全然。ボクの家には、推理小説が500冊以上あるし。それに、萌美さんは、貸してもしっかり読んで返してくれるから安心だよ。

萌美さん　はい、借りたものはしっかり返さないと。必ず残りもお返ししますので、もう少し、待ってください。

前田課長　だいじょぶ、だいじょぶ、ゆっくり読んでね。あー、そう言えば、「借りたもの」で思い出した。部長がね、B／Sの借入金が減ってると言うんだよね。その理由が知りたいと。萌美さん、理由わかる？

萌美さん　B／Sの借入金が減っている理由ですね。この資料を見てください。**借入金が減少したのは、利益と減価償却費で返済したためです！**

前田課長　おー、萌美さん、ありがとうございます。借入金が減少したのは、利益と減価償却費で返済したためですなのね。萌美さん、すごい。仕事、できるっ!!

本業でいくらのおカネを獲得したのか考えてみよう！

第4章から前章まで、B／S《ビーエス》の資産、負債、純資産に関する話をしてきました。本章でB／Sについての説明は最後になります。

とはいえ、本章は純粋なB／Sの話だけではなく、B／SとP／L《ピーエル》、そしておカネの動きとの関係についても説明します。それから少しだけ「キャッシュ・フロー計算書」についても説明したいと思います。前章の最後には、おカネが必要な時に、借り入れがいいのか、増資がいいのか、という話をしました。まさに、そういったおカネの動きが本章のテーマです。

ところで萌美さんのこの回答、素晴らしいですね。この回答がさっと出てくる人はわかっている人です。何がわかっているか？　固定資産の減価償却費がおカネの支出を伴わない費用だということです。実に素晴らしい！　皆さんも知っているって？　あ、そうでした。すでに固定資産の減価償却について学びましたものね。皆さんも素晴らしい!!

P／Lの利益の数値は、会社が本業でいくらのおカネを獲得したかを考える時の出発点になります。もちろん、入金とか支払いのタイミングによって若干の誤差はあります。売掛の回収に時間がかかったり、前金を支払って仕入れたり、様々な理由によって若干変わりますが、大きな傾向としては、利益は、「本業でいくらのおカネを獲得したかのベンチマークになる」のです。

ただ、本業でのおカネの獲得に貢献するのは利益だけではありません。もう一つ、大事なものがあります。それが減価償却費です。

カエル商事の営業利益は80万円、減価償却費は30万円でした。カエル商事が、本業で獲得したおカネは80万円だけではありません。減価償却費30万円も本業でのおカネの獲得に貢献しているのです。減価償却費はおカネの支出を伴わない費用なので、この二つの項目で１１０万円のおカネが増えたことを意味します。

基本的に通常の営業活動をしている限りは、利益に減価償却費を足すと、本業でいくらのおカネを獲得したか、大まかな数値がわかります。これは、ぜひ、覚えておいてください。

ちなみに、利益としては経常や税前を使うこともありますが、本書では「本業のもうけ」を示す営業利益を用いることにします。

ポイント　利益に減価償却費を足すと、本業でのおカネの獲得額が大まかにわかる！

本業以外ではどんな時に会社のおカネが増減するか？

では、本業以外での、おカネの動きはどうなるでしょうか？　増えることも減ることもあります。どんな場合に会社のおカネが増えたり減ったりしますか？　大きく分けて二つあります。

一つ目は、いわゆる投資です。ここでは、投資とは、B／Sの固定資産の部にのるような資産を取得する取引のことと考えてください。例えば、第5章で見たような固定資産を買えば、おカネは減るはずです。普通、土地や建物、設備といった固定資産を買えば、当然おカネが減りますよね。逆にそういった固定資産を売ればおカネは増えます。また、株式を買った場合にはおカネが減りますし、株式を売ればおカネは増えます。つまり、投資をすればおカネは減るし、投資を回収すればおカネが増えるわけです。

二つ目は、いわゆる資金調達です。ここでは、資金調達とは、B／Sの右側（負債または純資産）にのるような取引のことと考えてください。代表例は、今回の魔法のフレーズに出てきた借入金です。借り入れをすればおカネは増えますし、返せばおカネは減ります。借り入れと言えば、前章の最後にも出てきましたね。その時に出てきた、借り入れ以外の資金調

会社のおカネの流れのイメージ

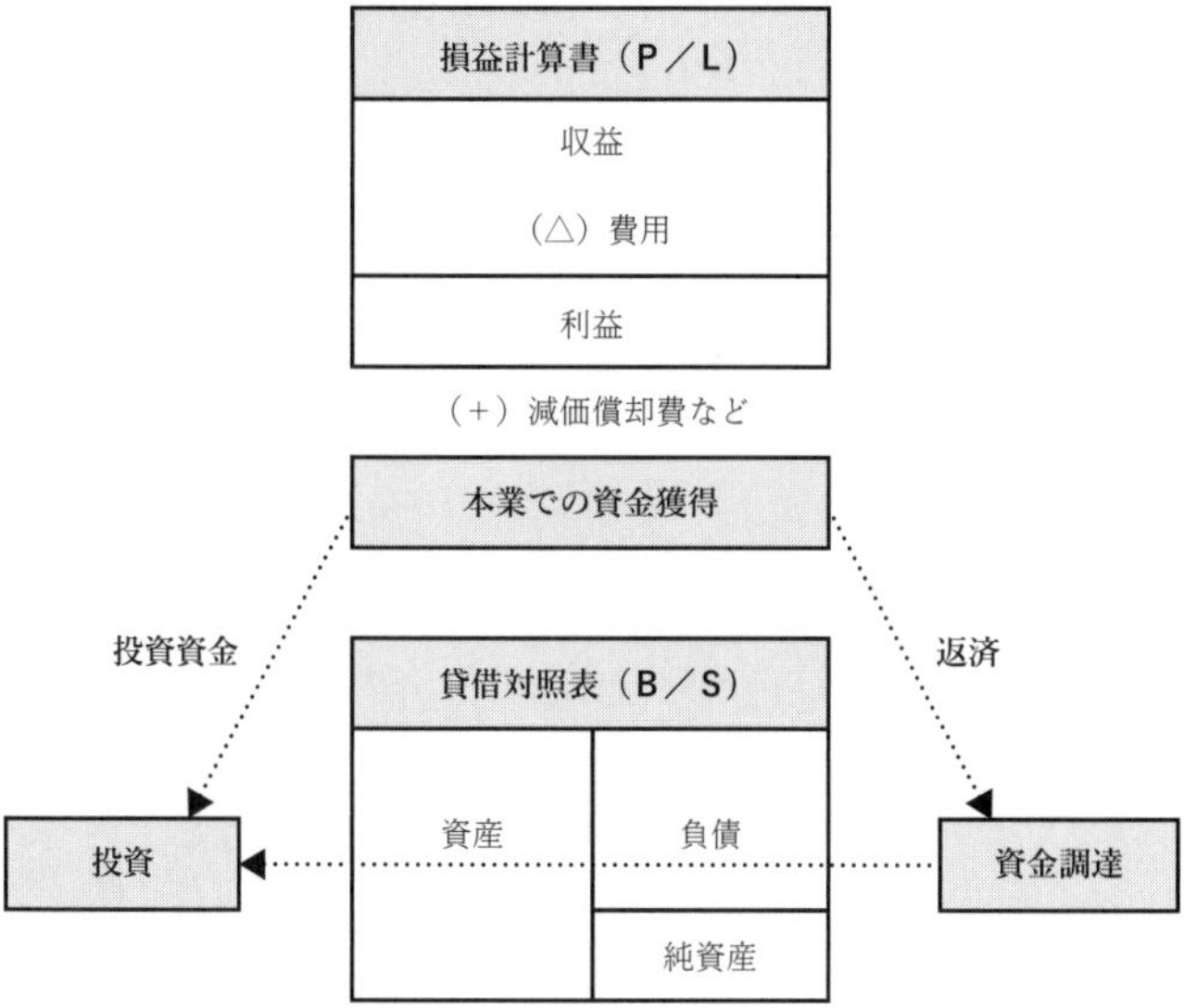

達の方法もありませんでしたっけ？　思い出しました？　そうです、株式の発行です。いわゆる増資という取引ですね。増資も、資金調達の代表例です。資金調達をすればおカネは増えるし、返済すればおカネは減るわけです。

カエル商事の例で考えれば、本業でだいたい110万円のおカネを獲得できたわけですから、このおカネを使って投資をすることもできるし、借入金を返済することもできるわけですね。第5章で見たように、実はカエル商事は、前期は建物を購入しており、大きな投資をしていますが、当期は大きな投資はしていません。その結果、おカネが貯まったので、当期は借り入れを返済したわけです。萌美さんの魔法のフレーズ「借入金が減少したのは、利益と減価償却費で返済したためです」の意味をご理解いただけましたでしょうか？

（問１）借入金が減少した理由を教えてください。（単位：万円）

	前期	当期	比	コメント
営業利益	200	△ 100	△ 300	当期の営業損失は 100
減価償却費	100	400	＋ 300	当期の減価償却費は 400
本業での資金獲得（概算）	**300**	**300**	**± 0**	**当期の獲得額は 300**
借入金（短期＋長期）	1000	700	△ 300	獲得した資金で返済

借入金の増減を説明するクイズに挑戦！

それではクイズに挑戦です。営業利益と減価償却費を足した額は本業での資金獲得の概算額でした。特に大きな投資もない場合には、当期の本業での資金獲得額を、借入金の返済に充てることができます。注目するのは当期の本業での資金獲得額です。

問１　借入金が減少した理由を教えてください。

借入金は３００万円減。借入金が減っているということは利益かな、と思いきや、当期の営業利益はマイナス１００万円。営業赤字です。営業赤字なのに借入金を返せるの？　はい、減価償却費があれば可能です。減価償却費４００万円を足すと、本業での資金獲得概算額は３００万円になります。営業赤字はほめられたものではないのですが、借入金は返済できたのです。

（答）**借入金が減少したのは、利益と減価償却費で返済したためです。**

（問２）借入金が増加した理由を教えてください。（単位：万円）

	前期	当期	比	コメント
営業利益	200	△ 100	△ 300	当期の営業損失は 100
減価償却費	50	50	± 0	当期の減価償却費は 50
本業での資金獲得（概算）	**250**	**△ 50**	**△ 300**	**当期の流出額は 50**
借入金（短期＋長期）	650	700	＋ 50	本業での資金不足を補う

問２　借入金が増加した理由を教えてください。

このケースでは借入金が増えてしまいました。６５０万円から７００万円に50万円増加しています。

営業利益を見てみると１００万円のマイナスです。つまり問１と同じく１００万円の営業損失を計上してしまいました。問１では減価償却費が４００万円あったので、本業での資金獲得概算額は３００万円になりましたが、このケースでは減価償却費は50万円です。マイナス１００万円に50万円を足してもマイナス50万円。本業での資金獲得概算額はマイナス50万円になります。つまり、本業でおカネが50万円なくなってしまった、ということになります。うーん、本業で資金が流出してしまっているというのは、なかなか深刻な事態ですね。いずれにせよ、答えは次のような感じになるでしょう。

（答）借入金が増加したのは、本業での資金不足を借入金で補う必要があったためです。

キャッシュ・フロー計算書という財務諸表もある！

さて、ここまで見てきたような会社のおカネの動きを表す書類として、キャッシュ・フロー計算書というものがあります。本章の最後にキャッシュ・フロー計算書の説明をしたいと思います。おカネは英語でCash、流れは英語でFlow。だからキャッシュ・フローは「おカネの流れ」です。財務諸表と言われているものとしては、B／S《ビーエス》、P／L《ピーエル》が代表的ですが、それ以外にも第7章で見たS／S《エスエス》（株主資本等変動計算書）とここで説明するキャッシュ・フロー計算書があります。正式な財務諸表とされているものは、B／S、P／L、S／S、そしてキャッシュ・フロー計算書の4つです。

キャッシュ・フロー計算書は、英語ではCash Flow Statement。その略で「C／S《シーエス》」とか「C／F《シーエフ》」とか呼ぶ人もいますし、「キャッシュ」と呼ぶ人もいます。でも、あんまり実務で略語が定着していないような気もするので、「キャッシュ・フロー計算書」とそのまま呼びましょう。

キャッシュ・フロー計算書は大事である、と言われますし、私も大事だと思います。でも、正直なところ、P／Lの補完的なもの、という位置づけであるのは否めないかもしれません。実際、中小企業では作成が義務付けられていないことから、キャッシュ・フロー計算書を作成している会社はあまりありません。また、株式を上場している大企業であっても、連結でキャッシュ・フロー計算書を作成していれば、単体での作成は免除されます。キャッシュ・フロー計算書は、そんな感じの位置づけなので、B／SやP／Lと比べるとどうしても重要度が落ちます。

とはいえ、キャッシュ・フロー計算書はとても意味のある情報を提供してくれます。だからこそ、財務諸表の一つとされているわけです。ここではキャッシュ・フロー計算書がどのようなものなのかを簡単に見ていきましょう。

キャッシュ・フロー計算書は3つの区分に分けられます。

① 営業活動によるキャッシュ・フロー（営業キャッシュ・フロー）
② 投資活動によるキャッシュ・フロー（投資キャッシュ・フロー）
③ 財務活動によるキャッシュ・フロー（財務キャッシュ・フロー）

それぞれ、言葉が長いのでカッコの中に、みんなが略して呼んでいる呼び方を書いておきました。この区分、先ほどのおカネの流れのイメージに対応していることに気づきましたか？　本業でのおカネの獲得は「営業キャッシュ・フロー」、投資は「投資キャッシュ・フ

カエル商事のキャッシュ・フロー計算書（間接法）

(令和元年 4 月 1 日から令和 2 年 3 月 31 日まで)

カエル商事株式会社 （単位：万円）

Ⅰ．営業活動によるキャッシュ・フロー	
税引前当期純利益	100
減価償却費	30
売上債権の増減額（△は増加）	△ 20
たな卸資産の増減額（△は増加）	△ 10
仕入債務の増減額（△は減少）	10
小計	**110**
利息及び配当金の受取額	20
利息の支払額	△ 30
法人税等の支払額	△ 20
営業活動によるキャッシュ・フロー	**80**
Ⅱ．投資活動によるキャッシュ・フロー	
固定資産の取得による支出	△ 5
固定資産の売却による収入	5
投資活動によるキャッシュ・フロー	**0**
Ⅲ．財務活動によるキャッシュ・フロー	
短期借入金の純増減額（△は減少）	△ 10
長期借入金の返済による支出	△ 60
配当金の支払額	△ 20
財務活動によるキャッシュ・フロー	**△ 90**
Ⅳ．現金及び現金同等物の増減額（△は減少）	**△ 10**
Ⅴ．現金及び現金同等物の期首残高	**170**
Ⅵ．現金及び現金同等物の期末残高	**160**

ロー」、資金調達は「財務キャッシュ・フロー」の区分に対応します。

前ページにカエル商事のキャッシュ・フロー計算書をのせておきましたので、これを参考に、３つの区分がそれぞれどういったものなのかを簡単に見ていきましょう。

まず①の営業キャッシュ・フローは「本業による活動でどれくらいのおカネが増減したか」を示すものです。カエル商事の本業でのおカネの獲得額は、先ほどの概算では１１０万円でした。まさにその概算額をもう少し詳しく示したものが営業キャッシュ・フローです。営業キャッシュ・フローの計算は利益（ここでは税前を使うことになっています）に減価償却費を足すところからはじまります。

少しわかりにくいのが、売掛や買掛、在庫の増減です。第4章で見た本業での取引に関係するB／S科目ですね。先ほど利益に減価償却費を足して本業でのおカネの獲得額の概算を出しましたが、厳密にはこれらのB／S科目の増減も、本業でのおカネの獲得額に影響します。例えば、売掛の一部を決算日までに回収できてしまったとします。売掛は減りますが、利益は変わりません。利益は変わらないけど、獲得したおカネは増えました。

つまり、利益が変わらない前提であれば、「売掛が減った時には、本業でおカネを獲得したことを意味する」ということです。同様に、利益が変わらない前提であれば、「買掛が減った時には、本業でおカネを支払ったことを意味する」と言えますし、「在庫が増えた時には、本業でおカネを支払ったことを意味する」と言えることになります。少しややこしいのですが、売掛や買掛、在庫の増減は営業キャッシュ・フローに影響する、ということを覚えておいていただけたらと思います。

営業キャッシュ・フローの計算過程では「小計」を示すことになっています。この小計が、先ほどの本業で獲得したおカネの概算額に対応します。小計というのは地味な名前ですが、比較的大事な数値です。一般的には小計に利息や配当金の受取額を足して利息と法人税の支払いを引いて営業キャッシュ・フローを計算します。

ちなみに営業キャッシュ・フローの作成方法には、今回紹介したような「間接法」以外に「直接法」という方法もあります。直接法は、利益や減価償却費とは関係なく、売上の回収額や仕入れの支出額などを直接集計していく方法です。ルール上は、直接法で作成しても全く構わないのですが、ほぼすべての会社が間接法でキャッシュ・フロー計算書を作成しています。直接法のキャッシュ・フロー計算書を作成するためには、毎日の取引一つ一つを見ていかなければならず、とても大変だからです。ですので、本書では間接法を前提としました。

②の投資キャッシュ・フローと③の財務キャッシュ・フローは、必ず直接法、つまり個別におカネの動きを集計して作成します。間接法で作成することは認められていません。作成には少し手間がかかりますが、営業活動以外のおカネの動きはそれほど活発ではないのが通常なので大変ではありません。

投資キャッシュ・フローは、投資に係るおカネの動きの増減を示します。主に、B／Sの左側（借方）の資産に関する、営業活動以外のおカネの動きを示すことになります。たとえば、固定資産、貸付金、株式投資などです。

財務キャッシュ・フローは、資金調達に係るおカネの動きを示します。主に、B／Sの右側（貸方）の負債と純資産（資本取引）に関する、営業活動以外のおカネの動きを示すことになります。たとえば、借入金、株式発行（増資）などです。いかがでしょうか？　投資キャッシュ・フローと財務キャッシュ・フローはイメージがわかりやすいですよね。

これで、本章の説明は終わりです。最後はキャッシュ・フロー計算書まで説明してしまいました。専門家でないのにここまでのことが理解できていれば、相当な水準だと思いますよ。ぜひ、自信を持っていただけたらと思います。次の章からは、少し難しい会計ルールの説明をします。あと二章ですが、ここからは少し気楽にお付き合いいただけたらと思います。もう少しですので、よろしくお願いいたします。

第９章
難しい会計ルールを理解する魔法のフレーズ・その１
連結の最終利益が増加したのは、子会社の増益が寄与したためです！

魔法のフレーズ 9

連結《れんけつ》の最終利益が増加したのは、子会社の増益《ぞうえき》が寄与したためです！

【木曜日朝の経理課〜第二週〜】

前田課長　おはよう！　萌美《もえみ》さん。いつも素敵な笑顔だね。昨日もどこかに行ったの？

萌美さん　昨日は久しぶりに実家の母と食事をしたんです。積もる話もたくさんあって。

前田課長　そっか、萌美さんのお母さん、萌美さんみたいに素敵な人なんだろうね。

萌美さん　わたし、ずっと反抗してたんです。母はわたしが学生の時に「何か資格くらいはとっておきなさい」と厳しく言って、無理やり会計資格の勉強をさせられて。

前田課長　でもでも萌美さんの会計の知識のおかげで、ボクは助かっているよ。ボクは萌美さんのお母さんに感謝しないとね。

萌美さん　そうですか？　ありがとうございます。最近、母に対する気持ちも変わってきて、やっぱり母はわたしのことを真剣に考えてくれていたんだと思うようになっ

（萌美さん作成資料）連結の最終利益の内訳（単位：万円）

	前期	当期	比	コメント
親会社単体	50	70	＋20	増益
子会社計	20	60	＋40	大幅増益
修正	△10	△10	±0	影響なし
連結利益	**60**	**120**	**＋60**	**⇒連結では増益**

たんです。だから、昨日、「おかあさん、本当にありがとう」って言ったんです。そしたら、母が泣き崩れちゃって。課長、どんなことがあっても、親子は一つですね。ほら、連結会計みたいに。

前田課長　連結会計!?　そ、そうだね。あっ、そう言えば、部長が急に連結会計の利益はどうなってるか？　とか言いだしたんだよ。萌美さん、どうなってるか、わかる？

萌美さん　もちろんです。こちらの資料を見てください。**連結の最終利益が増加したのは、子会社の増益が寄与したためです！**

前田課長　おー、萌美さん、ありがとうごじゃいます。うちの会社も、萌美さんみたいな親孝行な子が、とっても頑張ってくれてる、ってことか。**連結の最終利益が増加したのは、子会社の増益が寄与したためです**、なのね。萌美さん、すごい。仕事、できるっ!!

連結では親子は一つに

この本は会計の入門書です。なのに、連結会計まで説明してしまう、という意欲作です。でも、連結会計って、概念自体はそんなに難しくありません。大丈夫ですから、全く心配しないでください。

連結会計が出てくるのは主に大企業です。大企業では企業単体の決算書よりも連結決算書《れんけつけっさんしょ》の方がメインです。次の章でも説明しますが、株式上場していない中小企業の場合には、連結決算書を作成する義務もないので、連結会計は無縁かもしれません。そもそも、中小企業でたくさんの企業がグループになっていることは滅多にありません。ですから、自分は中小企業の会計にしか関係ない、という方は、この章はさらっと読んでいただいても構いません。そもそも読まなくても構いませんが、せっかく書いたので、さらっとでも読んでもらえると嬉しいです。

大企業になると、企業グループの中に会社がたくさんあることが多くなります。たとえば、トヨタグループの会社は何社ぐらいあるか想像できますか？　連結子会社と呼ばれる会社が６０８社（２０１９年３月期。以下も同じ）あるそうです。「トントントントン日野の

2トン」で有名な日野自動車はトヨタ自動車の連結子会社です。あとダイハツ工業もそうです。それから、自動車と一見関係なさそうなミサワホームもトヨタ自動車の連結子会社。トヨタグループはマイホームも作ってくれるのです。アメリカ、ブラジル、南アフリカなどの各国にも子会社があります。こういう子会社、全部で608社。いやあ、本当にすごくたくさんありますね。

もっと会社数が多いグループもありますよ。日本で一番子会社が多い企業はどこでしょう？　私はてっきり日立製作所だと思い込んでいました。「この―木なんの木、気になる木―」の歌に合わせてグループ会社名がたくさん流れるじゃないですか。あれだけたくさん会社があれば一番だろうと。日立の子会社は803社だそうです。

でも、世の中には、これより多い企業グループがある。1位はソニーだそうです。何と子会社は1556社。あー、気が遠くなりそうです。たとえば、ソニー・ミュージックエンタテインメント。音楽を配信している会社ですね。ソニー・インタラクティブエンタテインメントはプレイステーションの会社。あとは、ソニー銀行、ソニー生命保険、ソニー損害保険など金融機関もあります。本当に色々な事業を手掛けていますね。

こういった企業グループでは、一社一社が決算書を作っています。トヨタ自動車単体でも決算書を作っていますが、日野自動車もダイハツ工業もミサワホームも決算書を作っています。ちなみにトヨタ自動車単体の決算書を見ると売上は約13兆円。でも、トヨタグループ全体の売上は約30兆円です。トヨタのような会社はアメリカなど海外でたくさん車を売っているので、海外の子会社の売上の寄与も相当大きいのです。

さて、皆さんは、トヨタという会社がもうかっているのだろうか、と考えた時に、トヨタ自動車単体の数字に興味がありますか？　それともトヨタのすべての子会社を含めた、トヨタグループ全体の数字に興味がありますか？　恐らく、多くの人がトヨタグループ全体の数字に興味があるのではないかと思います。

そんな方々の期待に応えようとして作成するのが連結決算書です。正式名称は連結財務諸表と言いますが、この本では連結決算書と呼んでいきますね。

どんな会社が子会社になる？

最初に「子会社」って何だろうか？　という話をしましょう。ある会社が他の会社を「支配」している場合に、支配されている方の会社が「子会社」になります。支配している方の会社が「親会社」です。ここまでは何となくわかりますね。基本的には、子会社は親会社の指示に従う、と考えます。実際の家族では子は親になかなか従わないことも多いでしょうが、一応、会計の世界では、子は親に従うという建て前があります。

では、「支配」って何でしょうか？「支配」の判断基準で一番はっきりしているのは、株式をどれくらい持っているか、です。株式会社の場合には、株式をたくさん持っていると発言権が大きくなります。株式会社の方針は最終的には株式を持っている人＝株主の意見で決まります。そして、株主の発言権は持っている株式数に応じて決まる、というのが株式会社の根本的なルールです。

だいたい何割の株式を持っていれば、その会社の方針を決められるでしょうか？最も間違いないのは100％ですね。仮に100株発行している会社で100株すべてを持っていれば、その会社の方針のすべてを決めることができます。このような場合の子会社のことを100％子会社とか完全子会社とか言います。

でも100％持っていなくても、株式を半分より多く持っていれば、会社の方針のほとんどを決めることができます。だから、50％を超える株式数を持っている場合には、普通は「支配」していると言えます。100株中51株持っていればよい。細かいルールは色々とありますが、普通は50％超の株式を持っている場合には連結子会社になる、と考えてください。

ポイント 普通は50％超の株式を持っている場合には連結子会社になる！

連結決算書はとても簡単～連結グループをあたかも一つの会社であるかのように考える

連結決算書の発想はとても簡単です。連結決算書は、連結グループをあたかも一つの会社であるかのように考えて作成するものです。ですから連結P／Lも連結B／Sも、第1章から説明してきたのと同じように、売上があって粗利があって経常があって……といったように、基本的に出てくる科目は一緒です。連結決算書を分析する際には、今まで学んできたことを、そのまま当てはめていただいて構いません。

ポイント 連結決算書は、連結グループをあたかも一つの会社であるかのように考えて作成するもの！

では、連結決算書はどうやって作成するのでしょうか？　皆さんが、実際に連結決算書を作成することはあまりないかもしれませんが、基本的なことは知っておいた方がいいと思います。連結決算書を作成する際には、まず親会社の決算書に子会社の決算書をくっつけま

カエル商事の単純合算P／L（単位：万円）

	カエル商事	ジャクシー	単純合算P／L
売上高	1200	700	1900
費用等	1130	690	1820
最終利益	70	10	80

す。親会社のP／Lに子会社のP／Lを合算し、親会社のB／Sに子会社のB／Sを合算します。基本的には、このように合算をすると、概《おおむ》ねそれっぽい連結決算書ができるわけです。これらをそれぞれ「単純合算P／L」、「単純合算B／S」と言います。

カエル商事の例で見ていきましょう（この章以降は、先に示したカエル商事のP／LやB／Sとは整合しなくなっていますが、ご容赦ください）。カエル商事に子会社があったとします。子会社の名前は何がいいですかね？　とりあえず「株式会社ジャクシー」で行きましょう。何となく親子っぽい名前でしょ？　カエル商事はジャクシー社の株式を１００％保有しています。

カエル商事の売上は１２００万円、費用等（ここでは説明を簡単にするため売上以外の数字を全部ここに集計します）は１１３０万円、最終利益が70万円でした。子会社のジャクシー社の売上は７００万円、費用等は６９０万円、最終利益が10万円だったとします。さて、カエル商事連結の売上、費用等、最終利益はいくらになるでしょう

カエル商事の単純合算B／S（単位：万円）

	カエル商事	ジャクシー	単純合算B／S
資産	1600	400	2000
負債	1200	300	1500
純資産	400	100	500

か？

これは、そんなに難しくないですよね。多分、売上は１９００万円、費用等は１８２０万円で、最終利益は80万円ぐらいになりそうです。この数字が単純に合算した連結の数字になります。本当に「連結」しただけ。つまり、くっつけただけですね。これ、何社あっても同じなんです。ソニーのように１５５６社連結子会社があっても、１５５６個の決算書をくっつけるところから始まります。考え方は何も変わりません。

Ｂ／Ｓだって同じです。カエル商事の資産は１６００万円、負債が１２００万円、純資産が４００万円でした。ジャクシー社は資産が４００万円、負債が３００万円、純資産が１００万円だったとします。そうすると、合算した連結の数字は、資産は２０００万円、負債が１５００万円、純資産が５００万円になります。

これでもだいたいの数字はできあがるのですが、もう一つのステップが必要です。この合算した数値に対して、少しだけおまじないをかけるのです。なぜ、おまじないをかける必要があるかと言うと、連結決算書は、連結グループをあたかも一つの会社であるかのように考えるものだからです。単純にP／LとB／Sをくっつけただけでは、連結グループを一つの会社であるかのように表現することはできていません。このおまじないのことを「連結修正」と言います。単純合算のP／L、B／Sに連結修正をして、ようやく連結決算書（連結P／L、連結B／S）の完成です。

ポイント　子会社の数値をくっつけ（単純合算）、おまじない（連結修正）をかけて連結決算書（連結P／L、連結B／S）を作成する！

　ここでは、具体的にどんな連結修正のおまじないをかけるかについては深入りしないようにしますが、何も説明しないとイメージがわかないと思いますので、代表的な連結修正を二つだけ紹介しておきます。

　一つ目は、親会社の株式と子会社の資本を相殺する連結修正です。カエル商事の単体B／Sでは子会社のジャクシー株式が資産にのっているはずですね（例えば40万円とします）。でも、このジャクシー株式は、連結決算書ではのってこないはずです。だって、ジャクシー社自体が連結グループの中にありますから。この株式は消してあげないといけません。同様

カエル商事の連結P／L（単位：万円）

	カエル商事	ジャクシー	単純合算	連結修正	連結P／L
売上高	1200	700	1900	△ 80	1820
費用等	1130	690	1820	△ 60	1760
最終利益	70	10	80	△ 20	60

に、ジャクシー社の純資産の中に、カエル商事から出資を受けた際の資本金ないしは資本剰余金となっている部分があるはずです（例えば同じく40万円とします）。これについても、連結グループを一つの会社と考えれば、別に外部から出資を受けたわけではありませんので、一緒に消してあげる必要があります。つまり、単純合算のB／Sから、資産と純資産を相殺してあげるわけです。これが代表的な連結修正の一つ目です。

二つ目は、連結グループ内で取引があった場合の連結修正です。例えば、仮にカエル商事がジャクシー社に商品を売って、ジャクシー社はその商品を外部に売っているとします。こういうものが連結グループ内の取引です。仮に、ジャクシー社がその商品を在庫として持ったままだとします。そうすると、連結グループで考えれば、単に仕入れて在庫を持っているだけの状態ですよね。でも、カエル商事はジャクシー社に対して売上を計上（たとえば80万円）して、原価（たとえば60万円）との差額を粗利としてP／Lに計上してしまっています。ま

カエル商事の連結B／S（単位：万円）

	カエル商事	ジャクシー	単純合算	連結修正	連結B／S
資産	1600	400	2000	△ 40	1960
負債	1200	300	1500		1500
純資産	400	100	500	△ 40	460

た、ジャクシー社の在庫に関しても、連結グループとしてはカエル商事の仕入れ値（60万円）でなければならないはずなのですが、ジャクシー社がカエル商事から仕入れた値（80万円）になってしまっています。つまり、カエル商事の粗利分が在庫の中に含まれてしまっているのです。連結決算書ではこれらをすべて消さなければいけません。こういうのも代表的な連結修正です。

さて、先ほどの単純合算P／LとB／Sを基礎として、連結修正をすると、ようやく連結P／LとB／Sが完成します。それぞれ上の表のようなものになります。

特に、製造業の会社で製造する会社と販売する会社が分かれているようなケースでは、まあ、大変です。たくさんの連結修正をしなければなりません。製造側では売上、売掛などを、販売側では原価、買掛、在庫などをすべて調整しなければなりません。他にも、貸付金と借入金があるような場合、グループ内で固定資産が移動した場合とか、すべて調整しなければなりません。

でも、皆さんは決算書を作るわけではないと思いますので、連結決算書を作るためには、たくさんの修正があって大変なこともあるのだな、ということを理解してもらえれば十分です。

連結決算書は①単純合算、②連結修正という二つのステップに分かれますので、大きな連結修正がなければ、基本的にはP／LやB／Sの動きは単純合算の数値で分析できることが多いです。萌美さんの魔法のフレーズでも「連結の最終利益が増加したのは、子会社の増益が寄与したためです」となっていましたね。大きな連結修正がなければ、親会社と子会社の動きだけを見ていれば連結の数値の説明はできます。

ポイント　大きな連結修正がなければ、親会社と子会社の動きだけを見れば、連結数値を説明できる！

具体的にどんな連結修正がなされているか、とか、子会社がどういった影響を及ぼしているか、ということについては、企業内部の人間でなければ、はっきりとはわからないのですが、上場している大企業の場合には比較的そういった情報を自主的にオープンにしていることもありますので、ぜひ、ここで学んだ知識を活用していただけたらと思います。

（問１）連結の最終利益が増加した理由を教えてください。（単位：万円）

	前期	当期	比	コメント
親会社単体	100	90	△ 10	減益
子会社計	20	50	＋ 30	大幅増益
修正	△ 10	△ 10	± 0	影響なし
連結利益	**110**	**130**	**＋ 20**	**⇒連結では増益**

連結利益の増減を説明するクイズに挑戦！

それでは連結の最終利益の増減を説明するクイズにチャレンジしてみましょう。連結Ｐ／Ｌは単体と同じように分析できるので、第1章から第3章で見たような見方もできるわけですが、ここでは親会社、子会社、連結修正という切り口で見ています。

問1　連結の最終利益が増加した理由を教えてください。

連結の最終利益は20万円増えています。理由は親会社の利益、子会社の利益と連結修正を見れば分かるわけです。まず連結修正は増減がありませんので、影響がないはずです。

親会社単体を見てみると、利益は10万円減っています。でも、子会社の合計が20万円から50万円に増えています。増加額は30万円です。これが連結の最終利益が増加した原因ですね。

（答）連結の最終利益が増加したのは、子会社の増益が寄与したためです。

（問２）連結の最終利益が減少した理由を教えてください。（単位：万円）

	前期	当期	比	コメント
親会社単体	100	110	＋10	増益
子会社計	80	20	△60	大幅減益
修正	△10	△10	±0	影響なし
連結利益	**170**	**120**	**△50**	**⇒連結では減益**

問２　連結の最終利益が減少した理由を教えてください。

このケースでは連結の最終利益が１７０万円から１２０万円へと50万円減少してしまいました。原因は何でしょうか？

まず連結修正のところを見ると、前期と当期では変化がありませんので、原因は親会社単体か連結子会社合計のところにあるはずですね。

親会社単体の利益はどうかと言うと、１００万円から１１０万円へと順調に10万円増加しています。でも、子会社の合計の方を見ると、80万円から20万円へと60万円も利益が減少してしまいました。つまり、子会社の合計の大幅減益が足を引っ張って、連結の最終利益が減少してしまったわけです。この子会社の大幅減益が連結の最終利益の減少の主因になります。答えは次のようになるでしょう。

（答）連結の最終利益は、子会社の大幅減益の影響で、減少しました。

非支配株主持分って何？

最後に二つの専門用語を説明してこの章を終わりにしましょう。非支配株主持分《ひしはいかぶぬしもちぶん》という言葉と持分法《もちぶんほう》という言葉です。何だかモチモチしてますが、最初の非支配株主持分から説明します。

ジャクシー社はカエル商事が100%の株式を持っている完全子会社である前提でお話をしてきましたが、すでに説明したように50%を超える株式を持っていれば、原則としてその会社を子会社として連結するルールになっています。では100%子会社ではない場合に、どういうことが起こるのでしょうか？

仮にカエル商事のジャクシー社持分が100%ではなく、60%だったとします。あくまで支配している株主（「支配株主《しはいかぶぬし》」と言います）はカエル商事ですが、40%はそれ以外の株主が持っています。一社で持っているかもしれませんし、何社かで少しずつ持っているかもしれません。この40%部分の株主のことを「非支配株主《ひしはいかぶぬし》」と言います。会社を支配していない株主、という意味です。

ジャクシー社の純資産は100万円でした。完全子会社の場合にはすべてカエル商事のものでした。でも、もし持分が60％しかなければ、１００万円のうちの残りの40％、つまり40万円分は非支配株主の持分になります。この部分は、純粋なカエル商事の持分と区別してあげなければなりません。そこで、Ｂ／Ｓの純資産の部の中に、「非支配株主持分《ひしはいかぶぬしもちぶん》」という科目で表示してあげるのです。

Ｐ／Ｌについてはどうなるでしょうか？　ジャクシー社の最終利益は10万円でしたね。完全子会社の場合にはすべてカエル商事の取り分になりました。でも、持分が60％しかなければ、10万円のうちの残りの40％、つまり４万円は非支配株主の取り分になります。この４万円部分のことを「非支配株主利益《ひしはいかぶぬしりえき》」（正式には「非支配株主に帰属する当期純利益」）と言います。

連結Ｐ／Ｌの最後の部分は次ページのようになります。連結Ｐ／Ｌの最後は最終利益ではありません（何か言葉が変な感じになってしまうのですが）。いったん最終利益まで計算してから、非支配株主利益を引いて本当に最終的な利益である「親会社株主利益《おやがいしゃかぶぬしりえき》」（正式には「親会社株主に帰属する当期純利益」）を表示します。連結上の最終利益が80万円、非支配株主利益が４万円だとすれば、親会社株主利益（支配株主利益）は76万円になります。そして、Ｂ／Ｓ純資産の部の非支配株主持分については非支配株主利益の分だけ増加し、利益剰

連結P／Lの最後の部分（単位：万円）

最終利益	80	（B/Sへの影響）
非支配株主利益	4	→純資産の非支配株主持分を増やす
親会社株主利益	76	→純資産の利益剰余金を増やす

余金は親会社株主利益の分だけ増加することになるのです。なお、この動きは連結決算書で作成される連結S／Sに表示されることになります。

以上が非支配株主持分の説明でした。ここまで読んで、理解できましたでしょうか？　少しややこしいと思います。まあ、あんまりよくわからなくても、連結B／Sや連結P／Lを見た時に、非支配株主持分や非支配株主利益という言葉が出てきて、目がテンにならないようにしていただければ十分かなと思います。

たった一行で連結と同じ効果を～持分法

この章の最後に「持分法《もちぶんほう》」の説明をします。これも持分という言葉が出てきますね。例えば、カエル商事が、オタマ社という会社の株式を40％持っていたとしましょう。50％超の持分を持っていませんので、支配はできないわけですが、40％も株式を持っていれば、かなりの影響力がありま す。

このような「重要な影響を与えている会社」について、連結決算書では、連結をしたのとほぼ同じ効果を持つように会計処理をしてあげましょう、というルールがあります。この会計処理が持分法です。

「重要な影響を与えている会社」のことを「関連会社」と言います。原則として株式の20%以上50%以下を持っている場合には関連会社になります。「持分法」とは、関連会社の利益のうち持分相当額だけを、連結決算で利益として取り込む会計処理のことです。持分法の具体的な処理は、P/Lについては「持分法による投資利益」（営業外利益）という科目を使い、B/Sについては、投資その他の資産の関連会社株式（通常は「関係会社株式」または「投資有価証券」という科目に含まれています）の評価を修正する形で行います。

オタマ社の最終利益が30万円だったとします。仮に配当がゼロで、特に連結修正に相当するような修正すべき取引がなければ、カエル商事の連結決算では、持分法を使って会計処理をし、P/Lの「持分法による投資利益」を12万円（30万円×40%）計上することになります。そして、連結B/Sでは「関係会社株式」としてのっているオタマ社の株式の額を、12万円増やしてあげることになります。

この持分法の会計処理は、たった一行の仕訳で、ほぼ連結と同じ影響を及ぼすことから、「一行連結」とも呼ばれています。

以上で、連結会計の説明は終わりになります。ちょっと難しい説明をしたかもしれませんが、このあたりは、完全に理解するというよりは、なるほど、そういうものがあるのか、と気に留めておいていただければ十分です。次はいよいよ最後の章です。ゴールは目の前ですので、頑張ってまいりましょう。

第10章

難しい会計ルールを理解する魔法のフレーズ・その2

税効果や金融商品、減損については専門家に聞かないとわかりません！

魔法のフレーズ⑩

税効果《ぜいこうか》や金融商品、減損《げんそん》についてては専門家に聞かないとわかりません！

【金曜日朝の経理課～第二週～】

前田課長　萌美《もえみ》さん、おはよう！　今週も今日で終わりだね。ホントにお疲れさま。あれ、でも、どうしたの。そんな、マジメな顔して。

萌美さん　課長、わたし、自分の気持ちが、わからなくなっちゃったんです。課長はいつも、わたしにやさしくしてくれて。だから、課長には、わたしの本当の気持ちをしっかり聞いてもらいたい、って思って。わたし……やっぱり、大好きです。

前田課長　え、大好きって？　どういうこと？　何？　誰のことが好きってことなの？

萌美さん　ずっと考えてたんです。やっぱり、わたしが本当に好きなのは、か……。

前田課長　あーーーー!!　ダメダメダメ。言っちゃダメ。あ、そうそう、部長が、税効果がどうとか、金融商品がどうとか、減損がどうとか、色々言っているんだよ。も

萌美さん　う、ボクは、その辺はさっぱりわからないから。萌美さん、わかりますか？

前田課長　税効果、金融商品、減損ですか。すべて、少し複雑な会計基準ですね。すいません。**税効果や金融商品、減損については専門家に聞かないとわかりません！**

萌美さん　そーだよね。萌美さんは、偉い!!　わからないことを、知ったかぶりするのではなく、わからない、とはっきり言う。**税効果や金融商品、減損については専門家に聞かないとわかりません**、なのね。萌美さん、すごい!!

前田課長　いえいえ。とんでもありません。でも、やはり、わからないのが、自分の気持ちだったんです。わたし、思ったんです。わたしが本当に好きなのは、か……。

萌美さん　もーえーみーくーん。ダメだよ。そんな。キミとボクは、部下と上司の関係なんだよ。ボクだってワイフがいるんだ。

前田課長　あのー。課長、何か勘違いされていませんか？　わたしが本当に好きなのは、「か・ぶ・と・む・し」のはず。でも、最近はクワガタも大好きになっちゃって、どうしたらいいか、課長なら良いアドバイスをくださるかと思って。

萌美さん　カブトムシ!?　クワガタ!?　あー、そういうことね。いやあ、そーか。でも、萌美さん。それはさすがに、専門家に聞かないとわかりません!!

難しい会計基準は「わからない」と堂々と答えよう！

この本は会計の入門書です。なのに、前章では、難しい連結会計まで説明してしまいましたね。でも、税効果会計や金融商品会計、減損会計を詳しく説明することはできません。これらの会計基準はかなり複雑です。

わからないことをわからないとはっきり言うことは、とても大事なことです。でも、本当に何もわからなければ、そもそも自信をもって、わからないと言うこともできません。「この人は大まかにはわかっているようなのだが、知ったかぶりせずに、堂々と専門家に聞かないとわからない、と言うしっかりとした人だな」と思ってもらうことが大事です。いい加減なことを言わない人間だ、と周りから思ってもらえるようになりましょう。

ですから、この章では税効果会計や金融商品会計、減損会計について、本当に大まかに説明します。あまり詳しく説明できるようにならなくても大丈夫です。やり出したらキリがありませんので。この章ではこれらを大まかにイメージできるようになれば十分です。そして堂々と「専門家に聞かないとわかりません」と答えられるようになってください。

会計基準は一つではない

さて、これらの基準の説明の前に、少しだけ知っておいて欲しいことがあります。会計基準は一つではない、ということです。これはとても大事な話です。

世界にはたくさんの会社がありますが、使っている会計のルールは少しずつ違います。多くの日本の会社は日本の会計基準を使っています。でも、世界には色んな会計基準があります。世界で一番有名な会計基準は何ですか？　と聞かれたら、皆さんはどう答えますか？そんなのわからない？　そりゃそうですね。

答えはＩＦＲＳでしょう。ＩＦＲＳは「アイ・エフ・アール・エス」とか「イファース」とか呼ばれています。日本語では「国際財務報告基準」と訳します。ヨーロッパの大きな会社はだいたいＩＦＲＳで決算書を作っています。日本でも大きな会社はＩＦＲＳで決算書を作るケースも増えてきました。

ちなみにＩＦＲＳを「アイファース」と呼ぶ人もいますが、なぜかこの呼び方は正式にはダメなんだそうです。家具屋のＩＫＥＡはヨーロッパや日本では「イケア」と呼びますが、アメリカ人は「アイケア」と呼びます。だから、同じように別に「アイファース」でもいいような気がしますけど、私がＩＦＲＳにかかわっていた当時の国際会計基準審議会の委員がダメだと言っていました。短く言うなら「イファース」なんだそうです。

私は２０１０年前後、まだ日本にＩＦＲＳで決算書がほとんど作成されていない時代にＩＦＲＳに携わりました。日本企業のＩＦＲＳ適用第○号、とかそういう感じでしたので、ワケがわからず大変苦労しました。この頃、私は堂々と「アイファース」と呼んでいて、バカにされた悔しい思い出があります。ややこしいので私は「アイ・エフ・アール・エス」と呼んでいます。「アイ・エフ・アール・エス」で文句ないだろ、フン、てな感じ。

ＩＦＲＳ以外では、伝統的には米国会計基準も有名です。ＵＳ－ＧＡＡＰ（ユーエス・ギャップ）とか呼ばれたりしています。私は２００７年から２００９年にかけて米国の会計事務所に出向していましたので、ＵＳ－ＧＡＡＰ漬けでした。ＵＳ－ＧＡＡＰは日本の会計基準ともＩＦＲＳとも大きく違うわけではないのですが、細かいところでは結構違うところがあります。以前は日本でもＵＳ－ＧＡＡＰを適用している大企業もありましたが、今では多くがＩＦＲＳに移行してしまいました。

日本ではまだまだＪ－ＧＡＡＰです

最近はどの国でも大企業はＩＦＲＳを使うようになってきています。大企業がＩＦＲＳに統一されていない国は、アメリカと日本ぐらいになってしまいました。今後は日本でも大企業ではどんどんＩＦＲＳの会社が増えてくると思います。とはいえ、まだまだ日本では日本の会計基準を使っている会社が主流です。

日本の会計基準は誰が作っているか知っていますか？　え、政府じゃないの？　金融庁かな？　と思っている人は、結構多いです。でも、違います。答えはＡＳＢＪ（エー・エス・ビー・ジェー）です。ＡＳＢＪの正式名称は「企業会計基準委員会」です。ＡＳＢＪは、政府から独立した組織です。

昔は、会計基準は政府が作っていたんですよ。でも、ほら、政府って、ついこういうルールに政治の論理を持ち込もうとしがちなんです。景気が悪いから、利益がたくさん出るように会計基準を変えちゃおう、とか。実際、結構そういうことが問題になったので、政府から独立した組織を作ったのです。

私も一時期、会計のルールを作る会議の参加者の一人になって、東京の日比谷にあるＡＳＢＪの会議室に足を運んだこともありました。会計のルールを作る場所、なんて言うと、国会議事堂みたいなところかな、と思う人がいるかもしれませんが、まあ、普通です。お世辞にも、すげえー、ここかー!! と感動するような雰囲気のある場所ではありません。でも、そこでは、会計のルールを知り尽くした人たちが、あーでもない、こーでもない、と言って毎日議論しています。

この日本の会計基準のことを、少しかっこよくJ-GAAP（ジェー・ギャップ）と言う人もいます。このJ-GAAPをこの本では取り扱っているわけです。J-GAAPも大きく分けて二種類あります。一つは大企業向けのルール、もう一つは中小企業向けのルールです。

大企業向けのルールについては、どんどん難しい会計基準が付け加わってきて、今では、複雑怪奇な会計基準も増えてきました。なんでこういうことになったのかと言うと、IFRSがどんどん世界の企業で使われるようになってきて、また、どんどん改正されていくので、日本の会計基準も変えていかないと、IFRSと違うから日本はダメだ、なんて批判されてしまうからです。

じゃあ、日本も会計基準をIFRSにしてしまえばいいじゃないか、と思う人もいるかもしれませんね。実際に、一時そういう議論はありました。でも、アメリカもUS-GAAPを残すことになったこともあり、IFRSの全面適用は日本では時期尚早だ、ということで、とりあえずＪ－ＧＡＡＰは残りました。ただ、２０１０年３月期からＩＦＲＳを適用して株式市場に上場してもよいことになりましたので、我が国でもＩＦＲＳを適用している会社が少しずつ増えてきています。上場企業でＩＦＲＳで決算書を作成している会社は２０５社（２０２０年1月現在）だそうです。それなりの数になってきました。

会社の違いによって会計基準も必要な財務諸表も違う

そんなこんなで、日本の会計基準はどんどんＩＦＲＳに近付いていったのですが、そうすると今度は困るのが中小企業です。ＩＦＲＳはなかなか手間のかかることを要求する会計基準であり、それにつられて日本の会計基準もどんどん手間がかかるものになっていきました。

そこで、株式を市場に上場していない中小企業の場合には、あんまり複雑な会計基準を適用しなくてもいいだろう、連結決算書やキャッシュ・フロー計算書の作成も不要なのではないか、ということになりました。株式上場していたり、規模が大きい会社は、公認会計士や監査法人の監査を受けることが必要になってくるので、全てに対応しなければなりませんが、その必要のない中小企業の場合には、なるべく面倒なのは勘弁してあげよう、という話になったのです。

そういった中小企業の場合には、法人税申告の目的で決算書を作成すれば大きな問題は生じないので、税務署から文句を言われなければいいじゃないか、と考えられているケースも多いのが実際のところです。従って、中小企業の会計の実務では、税効果会計みたいな、複雑な会計基準は、あまり使われていません。皆さんは、このような複雑な会計基準については、大企業の決算に関わらないのであれば、細かいところまで理解をする必要はありません。もし、質問されたら「詳しくないので専門家に聞かないとわかりません」と、堂々と答えればいいと思います。

ちなみに、中小企業のニーズに応えるために、日本税理士会連合会、日本公認会計士協会、日本商工会議所とＡＳＢＪの４者が「中小企業の会計に関する指針」をまとめ、公表しています。難しい会計基準はある程度でいいよ、といったような指針です。実務では、この指針すら厳密に使われている例は少ないかもしれませんが、参考になるものです。インターネットでも入手できますので、興味があれば読んでみてください。

それでも気になる税効果会計

大企業向けの複雑な会計基準の一つが税効果会計です。税効果会計とはいったい何なのか。厳密に理解する必要はありませんが、ざっくりとどういうことなのかを知っておきましょう。仮に「詳しくないので専門家に聞かないとわかりません」と答えるとしても、だいたいどのようなものなのかをイメージで知っておいた方がいいですからね。

第1章から第3章の説明の中でP／L《ピーエル》に色んな利益が出てきたのは覚えていますか？　粗利、営業利益、経常、そして最後の方に、税前と最終利益がありました。税前は法人税等を支払う前の利益、最終利益は法人税等を支払った後の利益になります。そして、法人税等は税前のだいたい30％くらいであることが多いので、最終利益は税前のだいたい70％くらいであることが多いという話もしました。

でも、実務では、法人税等が30％くらいにならないことも多くなってきました。なぜでしょうか？　もともと、法人税の計算は基本的に単体決算がベースでしたので、連結決算書では税前と法人税等が対応しないという問題があったのですが、単体の決算書では昔は税前に税率を掛ければ、だいたいの法人税の計算ができました。でも、最近は色んな新しい会計基準ができて、法人税法の改正が追い付かなくなってしまいました。そこで、法人税等が税前の50％になったり0％になったり、全く対応しないようになってきたのです。

税効果会計とは簡単に言うと、この法人税等の負担額をだいたい税前の30%くらいに戻してあげるための会計処理です。税効果会計の会計基準ではB/Sから考えることになっているのですが、とってもわかりにくくなるので、P/Lで説明させてください。ズバリ、税効果会計を適用すると、最終利益は税前の70%くらいになるイメージです。

第6章では、貸引の話をしました。会計の世界では、なるべく早めに費用にするのがよいと考えられていて、これを「保守主義の原則」と言う、と説明しましたね。将来費用が発生しそうだな、と考えれば、早めに引き当てをするのが会計の世界の考え方です。

ところが、法人税の世界では、いくら資金繰りが火の車の会社への売掛に対する引当金だったとしても、何でもかんでも費用にされては困る、という考え方をします。今年は利益が出そうだから、貸引を計上してしまえ、とやられたら、法人税がどんどん減ってしまい税務署は困ってしまいますから。そこで、法人税の世界では、こういう場合しか貸引を計上できないよ、というルールが決まっているわけです。

先ほどの第6章の例では、何度も支払いが滞っているファイヤーカー社への売掛20万円の全額に対して、貸引を計上しましたので、貸引繰入額（費用）は20万円になります。でも、法人税のルールではファイヤーカー社への売掛に対する貸引を半額までしか計上できない、

会計マン・法人税マン・現実マンの戦いの結果は？（単位：万円）

	会計マン	法人税マン	現実マン	コメント
繰入前利益	120	120	120	
貸引繰入	20	10	20	法人税マンの繰入は 10
税前	30% **100**	30% **110**	対応せず **100**	法人税マンは 10 大きい
法人税等	30	33	33	実際の法人税額は 33
最終利益	**70**	**77**	**67**	**⇒どれが正しい利益？**

とします。その場合には、税務上の貸引繰入額は10万円ということになります（法人税の世界での費用のことを「損金」と言います）。

カエル商事の税前は１００万円でした。これはファイヤーカー社に対する売掛への貸引繰入額の20万円を引いた後の利益です。この貸引繰入前であれば１２０万円だったはずですね。法人税の計算では貸引は10万円しか損金にはなりませんので、１２０万円から10万円を引いた１１０万円に税率を掛けてあげなければなりません。税率が30％だとすると、法人税額は１１０万円×30％＝33万円になります。

少しややこしくなってきましたので、表にまとめましょう。登場人物は３人います。会計マンと法人税マンと現実マンの３人。それぞれ正義のミカタを自称していて、自分たちの価値観にこだわりを持っています。３人の主張は上の表のようになります。

税前については、会計の世界だと１００万円になっており、これが現実に最も近い数値になります。一方、法人税の額は33万円になります。従って、現実にこだわりのある現実マンは１００万円から33万円を引いた67万円が最終利益だと主張します。でも、会計マンは、あくまで最終利益は税前１００万円から税率30％分を引いた70万円であるべきだ、と主張します。

これは、皆さんのセンスを試すクイズかもしれません。３人の主張の中から選んでみてください。あなたはどれが正しいと思いますか？

① 会計マンが正しい（最終利益は70万円であるべきだ）
② 法人税マンが正しい（最終利益は77万円であるべきだ）
③ 現実マンが正しい（最終利益は67万円であるべきだ）

どうでしょうか？　②の法人税マンは完全に法人税の世界の考え方ですので、会計の世界の最終利益の計算としては明らかにおかしくなります。残るは①と③。皆さん、①と③では迷うのではないでしょうか。確かに③の現実マンのように67万円という考え方も一理ありそうです。あくまで会計の世界の税前は１００万円なんだけど法人税は33万円だった、という現実に忠実な計算ですね。もし税効果会計を適用しなければ、これが正解です。

P／Lの最後の部分（税効果会計適用後）（単位：万円）

税前		**100**	
法人税等	33		←実際の法人税等の額
法人税等調整額	△ 3	30	←負担額が 30 になるよう調整
最終利益		**70**	←会計マンのこだわり利益の額

でも、税効果会計を適用すると①になります。会計の世界では、やっぱり会計マンの会計へのこだわりが正義になります。会計マンは、20万円全額の売掛が戻ってこないと考えたのだから、法人税だって同じ前提で考えないと一貫性がないのではないか、と考えます。つまり、法人税額は33万円となっているけれども、やっぱり法人税等の負担額は30万円であるべきだ、と主張するのです。いやあ、会計マンもなかなかガンコですね。

今の会計のルールでは税効果会計を適用しますので、ガンコな会計マンの主張どおり①が正解です。税前に税率を掛けた30万円を法人税の負担額となるように調整をするのです。実際に支払う33万円との差額3万円を調整するP／L科目が「法人税等《ほうじんぜいとう》調整額《ちょうせいがく》」です。もうそのまんまの名前ですね。P／Lの一番下は上の図のような感じになります。

会計マンは、法人税等調整額の3万円は実際には法人税の前払いなのだ、と説明します。3万円分は、法人税法の融通がきかないから払わされているだけであって、会計の世界で考えれば、法人税を払いすぎていますよ、というイメージです。ちょっとヘリクツっぽい気もするかもしれませんが、会計マンなりのこだわりです。

さて、この場合、B／Sの方はどうなるでしょう。3万円が前払いである、ということは後で取り返せるということです。つまり、B／Sの資産になります。このような資産科目を「繰延税金資産《くりのべぜいきんしさん》」と言います。これも長い言葉ですね。あまりに長いので、みんな「繰税資《くりぜいし》産《さん》」と呼んでいます。繰税資産は、B／Sの投資その他の資産に記載することになっています。

逆に法人税の後払いというケースもあります。この場合は、法人税等調整額は法人税等に足されて法人税の負担額を大きくします。そして、B／Sの方は負債が計上されます。科目は「繰延税金負債《くりのべぜいきんふさい》」です。この場合も「繰税負債《くりぜいふさい》」です。繰税負債はB／Sの固定負債に記載します。

ポイント　税効果会計とは、法人税の負担額をガンコに会計の世界に合わせてあげるルール！

なお、税効果会計とは、P／Lの最終利益をそれっぽくするためのルールだ、と理解した方がわかりやすいのですが、実際の税効果会計の会計基準では、P／Lの最終利益ではなくて、B／Sの繰税資産、繰税負債をそれっぽくするためのルールだという説明がなされています。この説明がどういうことを意味しているのか、という話は次の金融商品のところで少し出てきますが、ちょっとややこしくなりますので、いったんはここまでにしますね。まずは、そういう話もあるのだ、ということだけ頭に置いておいていただければ十分です。

会社が株式を持つのは売り買いしてもうけるためではない！

税効果会計以外の、ちょっとややこしい会計ルールの一つに金融商品の会計基準があります。世の中、金融商品にも色々あります。皆さんが思い浮かべるのはやっぱり株式でしょうか。株式は典型的な金融商品です。でも株式だけではありません。債券も、貸付金も金融商品です。売掛だって広い意味では金融商品になります。

ここでは、あんまり詳しく説明しすぎると、かえってわからなくなりますので、よく実務で出てくる株式だけを説明したいと思います。

ところで、会社はなぜ、株式を持つのでしょうか？　こういう風に聞くと、たいていこんな答えが返ってきます。「そりゃ、株で売り買いして、もうけるためだろう」と。そう考えるのも無理もありません。個人で株をやっている人は、売り買いしてもうけるためにやっていますものね。

でも、実はそれは正解ではありません。ここ、大事です。会社が、売り買いしてもうけるために株式を持っていることは、ほとんどないのです。そういうことをやっているのは一部の金融機関などに限られます。なぜなら、会社は会社が設立された目的に従った活動しかできないからです。普通は株の売買でもうけるために会社が設立されることはありません。

では、会社が株式を持つ理由は何でしょう？　会社が株式を持つ理由は様々です。本当に色々とあります。もう既に皆さんが知っているケースがありますよね。連結のところで出てきました。子会社や関連会社のケースです。ある会社を支配したり重要な影響を与えたりしようと考えて株式を保有することがあります。

子会社株式であれば、連結B／Sではその子会社も含めた連結グループとして考えるので、最終的には連結B／Sからは子会社株式を資本と相殺するのでした。また、関連会社の場合には、連結B／Sでは持分の損益だけを取り込んで評価するという方法（持分法）をとることになっていました。

会社が株式を持つ理由は、それだけでしょうか？　いいえ、そうではありません。最も多いのが取引関係上の理由から持っているケースです。取引先から、お付き合いで株主になってよ、と言われて持つようなケース。場合によっては、お互いに株式を持ち合いましょう、といういわゆる「持ち合い株」もあります。

こういう様々な理由で、会社は株式を持っています。短期的に売買するわけでもなく、子会社や関連会社でもない株式は、金融商品の会計基準では「その他有価証券」と呼ばれます。「その他」??　何だ、それはー！　と突っ込みが来そうですね。「その他有価証券」なんて、ちょっとかわいそう。何か名前を付けてあげればいいのにね。「その他」扱いですから。

でも、この「その他有価証券」が全くあなどれない。日本の会社はたくさん「その他有価証券」に分類される株式を持っていますよ。やっぱり、日本は、お付き合いが大事ですからね。この「その他有価証券」に分類される株式の会計処理が少し変わっています。例を使って説明しましょう。但し、先ほど説明した税効果会計はとりあえず適用しない前提です。

カエル商事がカッパリカー株式会社の株式を持っていたとします。売買してもうけようというつもりはありません。カエル商事にとって、お酒のディスカウントストアを全国展開するカッパリカー社は重要な販売先です。良好な取引関係維持のためにカッパリカー社の株式を持っているのです。カエル商事がカッパリカー社の株式を買った時の価格は10万円。カッパリカー社は上場していて、そのあと、順調に店舗数を増やし、株価はどんどん上がって、今や50万円です。

こんなに上がったら、売ってしまえば40万円のもうけなのですが、別に売買してもうけるために持っているわけではないので、売るつもりはありません。この時、カエル商事のP／Lに40万円の利益が計上されるべきでしょうか？

ある人は、いくら売るつもりはないとは言っても、カッパリカー社は上場しているのだから、株式はいつでも売れるのだろう、当然に、40万円の利益になるはずだ、と考えるかもしれません。なるほど、それも一つの考えですね。でも、我が国の会計のルールではそうはしません。カエル商事はカッパリカー社の株式を売るつもりはないのです。こういう「その他有価証券」に分類される株式の株価が上がっても、利益は計上しない、というのが会計のルールです。

ただ、カッパリカー社の株価は50万円に上がっているのも事実です。B／Sの資産の部の額を、買った時の10万円のままにしておくのもおかしいのではないか、という考え方が出てきました。そこで、B／Sでは時価の50万円にしてあげよう、ということになりました。つ

投資有価証券の評価差額の純資産直入（税効果なし）

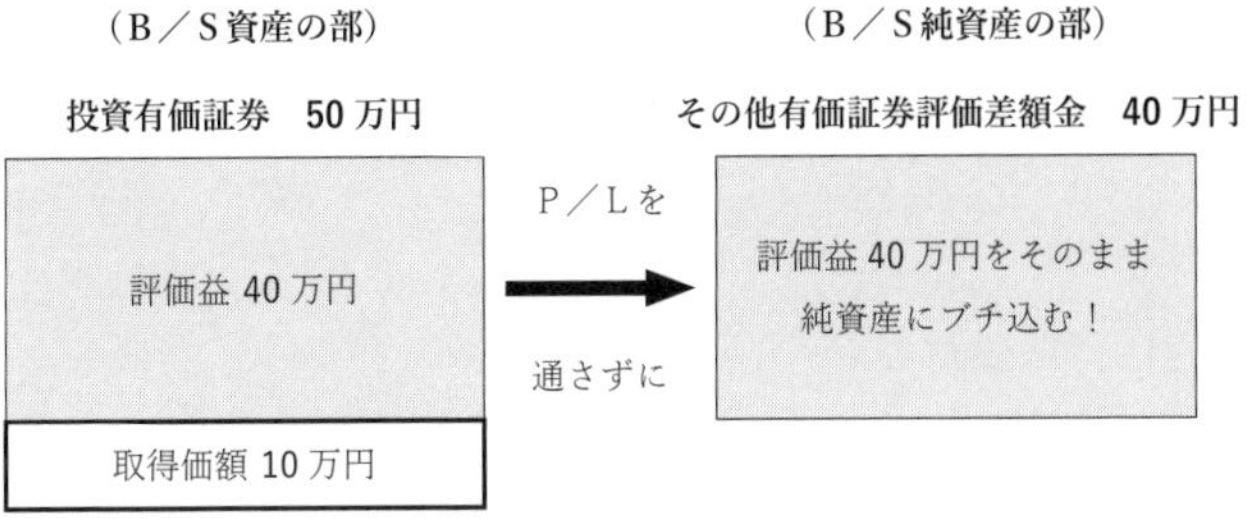

まり、B／Sでは株価の変化を反映させるけど、P／Lでは反映させない、という特殊な考え方をすることになったのです。

B／S上は、その他有価証券は「投資有価証券」という科目に含めて表示します。投資有価証券はもともと10万円だったはずなのですが、時価の50万円にしてあげます。でも、その差額の40万円はP／Lの利益にはしません。じゃあ、どうするのか。この40万円の差額（評価差額）はP／Lを通さずに純資産に「ブチ込み」ます。

ごめんなさい、「ブチ込む」なんて下品な言葉を使ってしまいました。でもね、イメージは「ブチ込む」なんです。専門用語では「純《じゅん》資《し》産《さん》直《ちょく》入《にゅう》」と言うのですが、まあ、この「直入」という言葉、平たく言えば「ブチ込む」ことを意味します。純資産の部ではこの差額を「その他有価証券評価差額金」という科目を使って表示します。

通常、純資産の部は株式が発行されるか、利益が計上されるかの二つの理由でしか増えないはずなのですが、この純資産直入というのは特殊なルールで、株式発行もないし、利益も計上されないのに、例外的に純資産が増加するものになります。

さあ、いかがでしょう？　言っている意味がわかりますか？　今、相当に高度なことをやっています。でも、皆さんが何も知らずにB／Sを見て、純資産の部の中に「その他有価証券評価差額金」なる科目があったら、びっくりして目がテンになってしまうでしょうから、一生懸命に説明をしました。

ポイント　持ち合い株などの「その他有価証券」の評価差額は、P／Lを通さずにB／Sの純資産の部にブチ込む！

皆さんには、ここまでわかっていただければもう十分です。本当に十分……なのですが、ごめんなさい、最後にもう一点だけ補足させてもらえませんか。嫌ですか？　うーん、本当にすみません。本当にもう一点だけ。実は税効果会計を適用した場合の話です。

実際の税効果会計の会計基準では、P／Lの最終利益の数値ではなくて、B／Sの繰税資産、繰税負債をそれっぽくするためのルールだという説明がなされている、という話をしました。ここで、考えなければならないのは、本当に純資産にブチ込まれる額は40万円でいいのか？　という問題です。

よくよく考えてみましょう。10万円で買った株式が50万円になったので、40万円分資産が増えたのは確かです。そして、カエル商事は、この株式を売るつもりはない。売るつもりがないのなら、利益が出ることはないから、法人税には影響しません。確かにそうです。

ただ、売らない方針であるとは言っても、将来、遠い将来かもしれません、どこかでは何らかの理由で売らなければならなくなるはずです。だからこそ、B／Sでは50万円で評価したわけですから。将来売った時には、法人税が支払われるはずです。もちろんその時の株価がどうなっているかもわかりませんし、その時の税率だってわかりませんので、実際の法人税の支払額がいくらになるかは全くわかりません。でも、少なくとも今は40万円の利益と現在予想できる範囲での税率をベースに考えることになります。従って、現在予想される法人税の額は、税率を30％とすれば、40万円×30％＝12万円ということになります。

この12万円、いわば将来支払わなければいけない税金みたいなものです。つまり、税効果会計でいう繰税負債そのものなのです。先ほどの繰り返しですが、我が国の税効果会計はB／Sの繰税資産、繰税負債をそれっぽくするためのルールですので、この繰税負債を計上し

投資有価証券の評価差額の純資産直入（税効果あり）

（B／S資産の部）
投資有価証券　50万円

（B／S負債の部）
繰延税金負債　12万円
（B／S純資産の部）
その他有価証券評価差額金　28万円

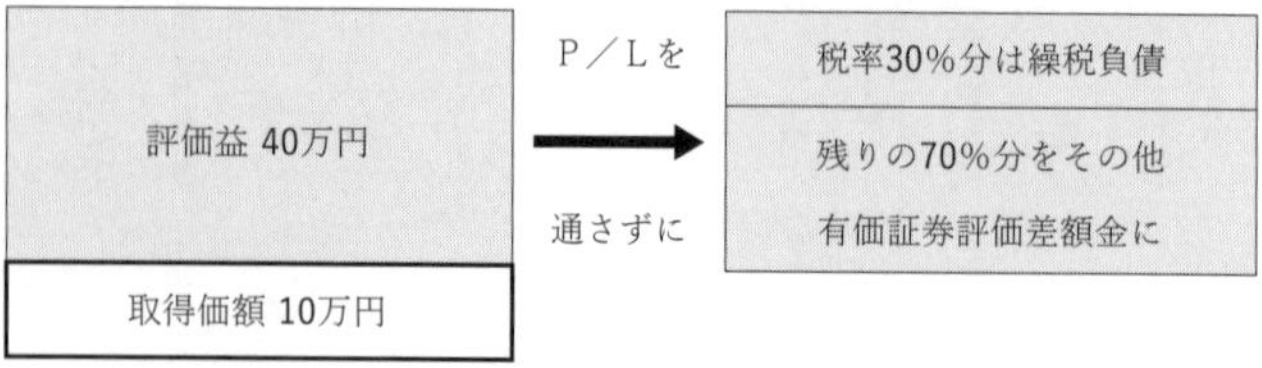

なければいけないということになります（こちらについてはP／L科目である法人税等調整額は計上されません）。

税効果会計を適用すると、投資有価証券（固定資産の部）は50万円（40万円の評価差額）のままなのですが、繰税負債（固定負債の部）は12万円となり、差額の28万円が純資産の「その他有価証券評価差額金」となります。これが、その他有価証券を時価で評価した場合の最終的な正しき姿です。繰税負債の計上に関してP／Lは影響しません。動くのはB／Sだけです。

このお話についても、覚えるというよりは、そういうことになるんだな、というイメージだけ持っておいていただけるといいと思います。

固定資産の減損はとてもセンシティブ

さあ、いよいよ、この本の最後のテーマ、「固定資産の減損」です。固定資産の減損は高度なテーマですが、非常に重要です。まさに、この本の最後を締めくくるにふさわしい、と思います。減損とは、資産の価値の下落をP／Lで損失として反映することです。

P／Lをながめていると時々、特損の中に「減損損失《げんそんそんしつ》」というものが出てきます。経済ニュースを注意して見ていても、「○×株式会社が巨額の減損損失を計上」といった記事がよく出てきます。会計の中でも、最もニュースバリューのある論点が減損であると言っても言い過ぎではないでしょう。

有価証券についても減損の判断は必要です。多くの場合に減損の対象になるのは株式です。先ほどのカッパリカー社のような上場株式を持っている場合に、もともとの取得価額よりも時価が著しく下落（目安は50％以上の下落）したような場合には、原則として減損をすることとされています。また、非上場株式であっても、財政状態が著しく悪化したような場合には、原則として減損をすることとされています。

ただ、ここでは、金額が大きくなることも多い、いわゆる固定資産の減損をメインに説明していきます。固定資産の減損の対象になるものは、土地建物や設備などの不動産などです。

第5章で見た通り、土地については、減価償却をしませんので、B／Sにはそのまま取得価額がのっかっているはずですね。土地以外の建物などであれば、B／Sには取得価額から過去の減価償却額を引いた額がのっかります。でもこういった固定資産の価格が大きく値下がりしているのに、そのままの価格でB／Sにのせておいてよいのか、という問題があります。

会計のルールでは、もはや投資の回収ができないことが明らかな場合に、固定資産の価値の下落をB／Sにも反映させよう、ということになりました。このルールのことを「減損会計《げんそんかいけい》」と言います。B／Sの額を下げるわけですから、P／Lの方では損失となります。この損失は毎期発生するようなものではありませんので、特損に「減損損失」として計上することになります。

仮に、カエル商事が前期末に購入した建物が6年後に減損したとしたら、次ページのようなイメージになります。減損のイメージは「ドーン！」です。

土地や建物だけでなく、工場や倉庫などのような有形固定資産は減損会計の対象になります。さらに、有形固定資産だけでなく、無形固定資産も対象になります。無形固定資産の減損の中でも、かなりしびれるのが、「のれん」の減損です。「のれん」とは、他の企業を買収

減損のイメージはドーン！（単位：万円）

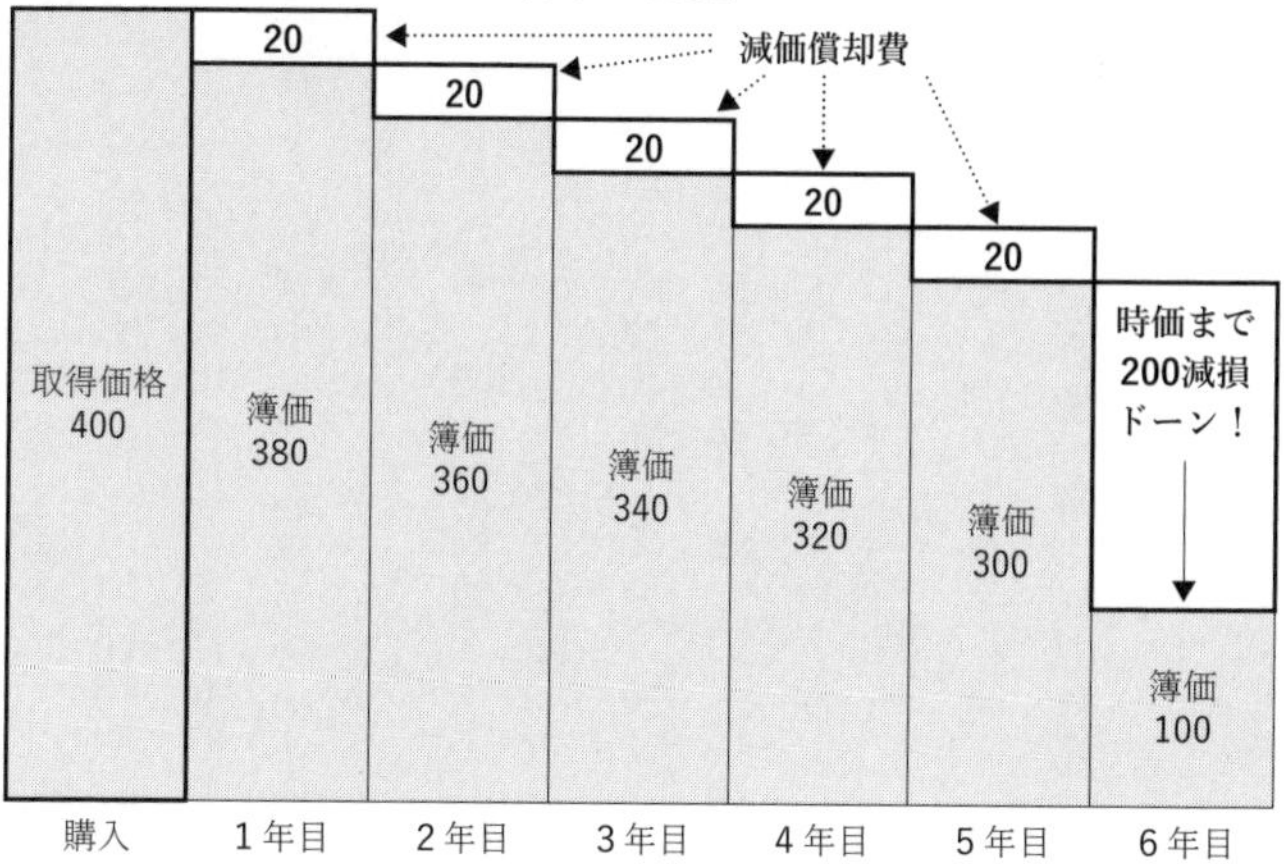

した時に、B／Sの無形固定資産に計上される科目です。「のれん」は、買収された企業の見えない価値です。買収された企業の純資産よりも高い価格を支払って買収した場合に「のれん」が計上されます。私は、「のれん」の減損がニュース等で報道されると、いつも色んな人間ドラマを想像してしまいます。ドロドロしたドラマになる予感がするのです。

固定資産の減損というのは、なかなかセンシティブなものです。なぜだか、わかりますか？　固定資産の減損というのは、もはやその固定資産から投資の回収ができないことを意味します。投資の回収ができない、とはどういうことでしょうか。実は、事実上その投資が失敗だった、ということを意味するのです。

皆さん、自分の失敗を認めることはできますか？　多くの人は、なかなか自分の失敗を認めることはできません。土地建物や設備の取得とか、そういった設備投資が「実は失敗でした」って、会社の場合にはそんな簡単に認められるものではありません。

「のれん」の減損は、通常、その企業を買収するという判断が失敗だったことを意味します。「買収は失敗でした」なんて、とてもセンシティブな話ですよね。考えてもみてください。大企業だと、大きな投資をするには、それなりの責任者がいるはずです。この設備投資をしよう、とか、この会社を買おう、などという話は、だいたい役員とか、場合によっては社長とかが、直接判断しています。

いわゆる「社長案件」として、他の企業を買収したようなケースは、とても多いと思います。でも、2～3年経っていきなり、社長が「あ、ごめん。あの買収、失敗だったね」と言い始めたらいかがですか。「勘弁してよ～」って思いますよね。でも、「のれん」の減損とは、つまり、そういうことなんです。

ポイント　固定資産、特に「のれん」の減損は、とてもセンシティブなもの！

ですから、大企業が大型の買収をした際の「のれん」の減損については、たまに大騒動になることがあります。有名なのは東芝のケースでしょう。2016年3月期の決算で、その10年前に約6000億円で買収したアメリカのウェスチングハウス社（原子力発電事業大手）に対する「のれん」を減損し、約2500億円の減損損失を計上しました。その後、ウェスチングハウス社は破綻し、東芝は2017年3月期には、「のれん」の減損相当額も含めて、1兆円を超える損失を計上しました。額が大きすぎて、クラクラしますね。この結果、経営トップが責任をとって辞任したりもしました。「のれん」の減損の威力は時として、すごいものになります。

同じ時期、日本郵政の減損損失も話題になりました。日本郵政は2017年3月期、その2年前に買収したオーストラリアの物流会社トールホールディングスに対する投資約4000億円を減損しました。こちらは買収してからわずか2年ですから、その時の経営判断が失敗だったと言わざるを得ないでしょう。そのあと、郵便料金が上がったりしました。日本郵政のような会社の場合には、「のれん」の減損が国民生活にも影響するので大変なことになります。

皆さんも、減損のニュースを見たらその背景に何があったかを調べてみると、もしかしたら様々な人間ドラマがあったことに気づくかもしれません。会計は現実を映しだす鏡と言われます。会計処理の背後には、必ず現実があります。皆さんもぜひ、色々な事例を調べてみてください。以上で、減損の説明は終わりです。

本書についても、これで終わりになります。魔法の10フレーズを理解できましたでしょうか？　そして、会計の大まかな仕組みや考え方を理解していただけましたでしょうか？　ここまでお読みいただき、本当にありがとうございました。お疲れさまでした。

おわりに

いかがでしょうか？　「会計はわかりやすい！」と思っていただけましたでしょうか？

皆さんには、一つカミングアウトしておかなければならないことがあります。私の趣味はお酒、と書きました。でも、それは本書の執筆を始める前までのこと。実は、本書の執筆時間を捻出する意図もあり、大好きなお酒をキッパリやめ、日常の公認会計士業務の後、ないしは忘年会や新年会の後、空いた夜の時間を使って本書を黙々と書き続けました（今後も禁酒を続けるかについては考え中です）。

今まで私は論文を書いたことはありましたが、新書を書くというのは初めての経験でした。わからないことも多い中で、講談社企画部の山中武史氏には、様々な有益なアドバイスをいただきました。

また、会計理論に関する一部の記載について迷った部分がございましたが、的確なアドバイスをしてくださいました元ＡＳＢＪ常勤委員で公認会計士の関口智和氏にもこの場をお借りして御礼を申し上げます。執筆中、ほとんど家族サービスのできない日々が続きました。そんな私を支え、許してくれた妻と二人の子にも感謝します。

そして最後に、本書をお読みいただきました全ての皆さまに、心より感謝を申し上げます。本当にありがとうございました。

前田順一郎

1975年生まれ。公認会計士・税理士。日本公共コンサルティング株式会社代表取締役。東京大学経済学部卒業。マンチェスター大学経営学修士。都市銀行、あずさ監査法人、KPMGロサンゼルス事務所、国土交通省航空局勤務を経て現職。監査法人では大手金融機関の会計監査やM&A、国際業務のほか、IFRSの導入に携わる。国土交通省では関西国際空港・大阪国際空港や福岡空港のコンセッションを実現。現在は豊富な経験を活かして会計分野を中心として、地方自治や政策立案を含む幅広いコンサルティング業務を行う。

講談社＋α新書　826-1 C

会計《かいけい》が驚《おどろ》くほどわかる魔法《まほう》の10《じゅう》フレーズ

前《まえ》田《だ》順一《じゅんいち》郎《ろう》

2020年4月13日第1刷発行

発行者——— 渡瀬昌彦

発行所——— 株式会社 講談社

東京都文京区音羽2-12-21 〒112-8001

電話 編集(03)5395-3522

販売(03)5395-4415

業務(03)5395-3615

デザイン——— 鈴木成一デザイン室

カバー印刷——— 共同印刷株式会社

印刷——— 株式会社新藤慶昌堂

製本——— 牧製本印刷株式会社

定価はカバーに表示してあります。

落丁本・乱丁本は購入書店名を明記のうえ、小社業務あてにお送りください。

送料は小社負担にてお取り替えします。

なお、この本の内容についてのお問い合わせは第一事業局企画部「＋α新書」あてにお願いいたします。

Printed in Japan

ISBN978-4-06-519507-9